骨董・古美術のプロが教える

コワ〜イ、骨董品売買の裏話

細矢隆男

KKベストブック

はじめに

　今の古美術・骨董業界、特にインターネット販売をみていますと、詐欺、ないしは詐欺すれすれの売り方が多く、買った人が幸せになることは少ないと思います。最近はやりの一部のネット古美術・骨董商などの詐欺まがいの行為には主催企業側ももっと厳しく対応すべきです。主催者側も利益追求型であるため、業界全体のイメージがなかなかよくなりません。ただこうした風潮は古美術・骨董業界には昔からあったものといえるもので、この業界特有の世界観、価値観があるように思えます。そこで本書では、今後、古美術・骨董品を買う、または売られる場合に気をつけてほしいポイントを書いてみました。

　しかし不思議なことに、高額な品物を売買する割には、買う側、売る側に他人まかせの安易さが否めません。もちろん古美術・骨董品について知らないということもあると思いますが、今から勉強するのも面倒だし、その気も起きないようです。ものによっては不動産的価値をもつ古美術・骨董品も多いわけで、はじめからあきらめるには蒐集したご先祖にも申し訳ないのではないかと思います。

古美術・骨董品を勉強するためにどのようにして先輩たちは知識をつけてきたのでしょうか。現在のように書籍やインターネットもなく、一人前のコレクター、プロになるには古美術・骨董品を買って勉強したり、贋作を買ってしまったりして、間違いながら苦労しないと鑑定の勉強ができませんでした。そのため本当に「志」のある勉強をするにはお金がかかりすぎました。このようにして苦労してプロになったからには元をとらないといけません。元をとるのはなかなか大変です。自分たちも失敗してきた歴史があるので、同じような少々の悪も認められる風潮が業界にあること、というより贋作を買っても「自己責任」という金科玉条が背景にあります。

不勉強のまま買う側にも責任の一端があります。儲け優先で大した勉強もせず成金的に印象の悪い買い方をされる人も多いのです。汗水たらして苦労して貯めた金ではなく、悪銭ないしアブク銭的な儲けで買うのだろうと思わせる人たちが多くいるため、それが一部の古美術・骨董商の考え方を落としめているともいえなくもないのです。

地味な生活必需品、例えば野菜なら一つの品で何千万、何億円単位の商売はありえません。「美術品」は贅沢品であるという特性が一部にあります。アブク銭で買ったものなのだから、持ち主が亡くなったりしたあとでは、少々手荒く取り上げても、安く買い叩いても、彼ら古美術・骨董商には罪の意識がないともいえるからなのです。その反面、古美術・骨董品には素晴らしい作品も多く、人間の心を浄化し、感動させるものがたくさんあります。大半のまじめな古美術・骨董商たちは、常に金銭的欲望と心洗われる美の世界という二律背反の難しいバランス感覚を求められる世界に身を置くことになります。それが古美術・骨董品の世界の特異性でもあり、宿命でもあるのです。

ストイックに美に立ち向かうか、その利益に膝を屈するかは、その古美術・骨董商の人間性の問題となります。贋作は人の欲望を煽るだけのものであり、真に人を感動させるものはありません。ですからそこを理解できるかできないか、見抜けるか見抜けないかが問題なのです。

「美」は善にも悪にもどのようにも人間を導きます。「欲」は人を成長させる原動力です。釈迦は人々が平和に生きるためには欲は捨てろといいます。欲は人の心を滅ぼすため断てといいますが、私は欲は決して悪いものではないと思います。今の世の中、金銭はすべてに優ると思っておられる方々は多いでしょう。金銭は現在の「資本主義体制」の中でもっとも重要なものの一つです。それは生きる目的、自己実現にもっとも必要なものともいえます。その欲をよい方に使うか悪く使うかで、自分も変わり、人も変わります。美術家は命を縮めても、自分の納得のいくまで作品を制作します。そうでなければ芸術家とはいえません。「職人」

は注文主の要望どおりに製品を製作することを仕事とし、芸術家は自分の生き方を生きるために作品を製作します。作品は作家そのものであり、よき理解者、よきコレクターを求めます。それを見抜き、よい作品をそれがわかる人に「売る」のではなく、いったん「預ける」という感覚、その預けることに生き甲斐を感じられるかが本来の古美術・骨董商の仕事だと思います。人は死んであの世に古美術・骨董品をもっていくことはできないのです。

優れた作品は未来に、次の世代に受け継がれます。作者が命がけで制作した作品を真剣に理解できる古美術・骨董商、コレクターが増えることを願って、私は今まで約26年間「日本骨董学院」という古美術・骨董品の学校を続けてきました。そうでないと世界に冠たるというか、世界一私の大好きな日本の古美術・骨董品の裾野は広がっていきませんし、業界の繁栄もありません。「日本骨董学院」をこれまでやってこられたのは、私自身が古美術・骨董品が好きであることはもちろんのことですが、同じように考えてくださる方々が大勢おられたからです。ですから希望もありますし、私は生きてくることができました。そして、これからもそう生き続けたいと思います。

そうした志をもった方々が、先人を乗り越えて、脇道にそれることなく純粋な美を引き継いでいただけることを願って、あえて恥も忍んで本書を執筆した次第です。

目次

第1部

本当は怖い
古美術・骨董品売買の裏側

1　古美術・骨董業界の舞台裏と骨董品の勉強法

●古美術・骨董品人気の実態とブームの裏側

これまで私は若き日の刀剣ブーム以来、何度かのブームを経験してきました。

学生時代の刀剣ブーム、その後の絵画・版画ブーム、パイプブーム、古布・古裂ブーム、伊万里ブーム、李朝ブーム、印判・蕎麦猪口ブーム、仏像ブーム、最近では中国陶磁器ブームが終わりました。そして少し地味ではありますが日本の縄文土器です。縄文土器は世界最古であることから、外国人の関心が高く、日本人より外国人たちの間でブームになりつつあるようです。

それではブームとはいったいなんでしょうか。

基本的にブームはつくられた経済現象であり、投機的色彩が強いと考えてよいでしょう。株の世界での「仕手株」に置き換えるとその性格がよりわかりやすくなるかもしれません。

ただ仕手株と美術品相場は大きく違います。株は東京や大阪などの証券取引所で扱われ、信用ある企業の発行している株券が買い占められて値段が上昇することであり、一部の愛好家による美的価値をもつ古美術・骨董品の値段が上昇するのとは少しわけが違います。経営指数に裏づけられた会社の発行する株券の値段が上昇するのとは違い、古美術・骨董品のブームは銘柄だけにこだわった古美術・骨董品の値段が全体的に上昇するわけですから、性質はおのずと異なってきます。値段が急に上昇することは、誰かが買い占めていて、市場に数が少なくなっていく状態で起きてくることです。

これは株も特定の部類の古美術・骨董品も同じでしょう。どのような品物も需要と供給のバランスで値段が決まってくることは同じです。ある穀物Aが天候不順で不作になれば、どうしてもその穀物Aを必要とする料理人たちは、少々高くなってもそれを必要上買わざるを得ません。すると穀物Aは品薄になり値段がさらに上がるでしょう。そうした傾向をみていた人の中の誰かが、穀物Aの物量が世界的に少ないと考えた場合、今後の一層の値上がりを期待し大量に買っておいて、より高額になったら売って儲けようとするのも無理からぬところです。それが長期間続くと大きなブームの到来となるのです。

私は東京で「日本骨董学院」という古美術・骨董品を勉強したい方々のための学校をはじめて、約26年目になり、これまで会員、非会員を含め、講座・講演会合わせて４万５０００

名以上の方々にお話ししてきました。

また現在は各地のNHKカルチャー教室や朝日カルチャー、読売カルチャーの教室および名古屋の中日文化センターの教室で「たのしい古美術・骨董」の担当もさせていただいています。

これからみなさんに古美術・骨董品のおもしろさ、そして怖さをお知らせしようと思います。

まず、私が古美術・骨董品の世界に入ったきっかけからお話ししたいと思います。

●古美術・骨董品との出会い

かつて最大といわれた刀剣ブームは私の学生時代に起きました。私は高校3年、18歳で刀剣の魅力に取り憑かれ、刀剣の鑑定の勉強に打ち込みました。

それは小学校3年生のときに祖母の家の庭から江戸時代の貨幣である「一分銀《いちぶぎん》」をみつけたことと、4年生のときに父に連れられて黒澤明監督の映画「蜘蛛の巣城」を観たことによるのだろうと考えています。

まず、「一分銀」ですが、これは仏壇にあったほかの古銭といっしょにボール紙に糸で縫いつけて夏休みの自由課題として学校に出しました。すると担任の先生から「これは大切なものだから家にしまっておきなさい」と「優」のスタンプがついて返されましたので、どのくらい大切なものかいろいろ本で調べてみると、二百年以上も前の江戸時代の古いものなのだとわかり、子供ながらに驚きました。

「蜘蛛の巣城」は若き黒澤明監督の出世作ともいうべき作品です。「羅生門」「生きる」「七人の侍」などの名作に続いて世に問うたのがこの「蜘蛛の巣城」だったのです。シェークスピアの悲劇「マクベス」を日本の戦国時代に置きかえた名作で、国際的俳優、三船敏郎の出世作でもあり、ロンドンの国立映画劇場のこけら落としに映写されるという栄誉を受け、またエリザベス女王が観にこられたとか、当時大変話題になりました。

白黒の映画でしたが、この作品のもつ美しさは比類のないものです。三船敏郎の迫真の演技、武具甲冑《かっちゅう》の美しさ、刀剣類の美しさが心に残りました。特に最後の場面で主人公である戦国武将、鷲津武時が弓で射られる場面では、その迫力に圧倒されました。あとで聞いたところ、黒澤監督はこの場面を撮影するのに全国から弓の名人を集めて、主人公を貫く矢以外は本物の鏃《やじり》をつけた矢を射て撮影したそうです。三船敏郎の顔は本物の矢が周囲に飛んでくるので、恐怖に引きつった断末魔の顔になったのでしょう。本当の恐怖の表情を引き出すための黒澤監督一流の演出でした。見応えのある場面でした。また本物志向の黒澤監督は古美術にも造詣が深く、映画の中で使う小道具類にも、自分が収集した高価な本物の古美術品を使いました。映像の美しさは本物がもつ美しさだったのです。子供の頃にこうした素晴らしい映画に出会えたことがきっかけで古美術・骨董品が好きになったのではないかと今でも思っています。

さらに高校3年のとき、ふと気分転換に訪れた上野の東京国立博物館で刀剣の美しさを見たときに、子供の頃にインパクトを受けた黒澤監督の映画の素晴らしい映像と日本美術の一端としての甲冑や刀剣の美、映画の中の美術品に取り憑かれてしまいました。当時大学受験をひかえ、本来それどころではなく受験勉強をすべき立場にあったのですが、私はかまわず熱中してしまいました。東京国立博物館の展示室で刀剣の美しさに感動した私は、案内の女性に、刀剣の勉強をするにはどうしたらよいのかとたずねました。すると刀剣担当の学芸員を呼んでくれました。そして、その学芸員に教えられた「日本美術刀剣保存協会」の勉強会、鑑定会に通い、勉強することを決意しました。室町時代からの名門、刀剣の鑑定家の家柄でいらした本阿弥光遜《ほんあみこうそん》先生がお書きになった、著名な鑑定本を小遣いをはたいて買い、熱中して読みふけりました。

その結果、大学入試を甘くみて、2年間も浪人してしまい、これはまずいと悟り、1年頑張ってなんとか早稲田大学第一文学部に入学できました。道楽が過ぎて2年浪人したことは親不孝そのものでしたが、受験勉強よりはるかに楽しかったことは確かでしたし、現在、こうして古美術・骨董品に携わる仕事をしていることから考えてみれば、当然のごとくその2年の勉強は大変「有益」であったといえるわけです。

当時の私の古美術・骨董品の師匠は武田二郎さんという古美術・骨董商でした。本来彼は画家が本業で、のちにフランスで世界的な画家となったレオナルド藤田（藤田嗣治《つぐはる》）の弟子のひとりでした。もともと東京芸術大学教授の黒田清輝《せいき》と、黒という色使いをめぐって反目していたレオナルド藤田が戦後に戦争画の是非と責任をめぐって日本の画壇と対立した結果、誰も責任をとらない日本の画壇に嫌気がさしたのか、追われるように日本を離れ、フランスへと去りました。そのため、まだ封建的な古い体質があった絵画の世界で、藤田の弟子である武田さんの行き場はなくなり、やむなく古美術・骨董商として自立して中野のブロードウェイに店を出していたのでした。そこに、すぐそばに住んでいた高校3年生の私がたまたま通りかかったというわけでした。2年間の浪人のあと、なんとか大学に入学してほっとしていた私は、あるとき武田さんから一本の刀を「これはどうだ？」と見せられました。播《ばん》州《しゅう》光明寺《こうみょうじ》住《じゅう》宇多《うだ》国宗作之《くにむねこれをつくる》という江戸時代初期の刀工の注文打ちで、外装、拵《こしらえ》もよく、注文主銘もしっかり入った、承応《じょうおう》年間のやや短めの魅力ある刀でした。それを私に買わないかというのです。いくらなのかと尋ねると30万円だというのです。

当時の会社員の初任給が3万円から3万5000円ほどで、30万円はその約10倍ということになるのです。今、仮に初任給を20万円として考えると実質200万円くらいの金額になるのでしょうか。学生の身分で、どう考えてもそのような大金は払えないので「無理です、買えません」といったら、家庭教師のアルバイトをして30分割、月1万円の支払いでよいから買えというのです。

そこまでいわれてみると、私はそれもありかとその可能性を真剣に考えてみました。

私は普通の高校生とは少し違って、独協高校で第一外国語としてドイツ語を習い、それが得意科目でしたので早稲田大学はドイツ語で受験していました。そこで母校のドイツ語の先生に頼んで中学生の後輩にドイツ語を教えることを決意しました。当時ドイツ語での大学受験は少なく、試験内容も難しくなかったため、ほぼ満点をとれたと思います。英語で受験していたら、難しくてとても合格できなかったでしょう。刀剣の勉強などしていても合格できたのはそのためだろうと自分では思っています。国語と世界史が問題でしたが、国語はもともと大得意であったため、最大の難関は世界史でした。聞くところによると、早稲田大学はほかの成績がよくても、一科目でも基準点に達していないと不合格になるそうです。そのため受験勉強は背水の陣を敷いて大半が世界史に重きを置いたものになりました。

それまで世界史はそれなりに勉強していたので、集中的に効率よく確実に70パーセント得点することを目指して、よく出るところを徹底的に勉強することにしました。私は語学がドイツ語なので、当時の予備校には通えず自分で勉強していましたから、こうした受験テクニックにもやや疎かったのではと思います。当時の受験勉強のメッカ代々木ゼミナールあたりでは、こうした大学別の傾向を徹底的に分析して実績をあげていたのだと思います。過去の世界史の傾向を調べると、毎年シルクロードを中心とした東西交流史がかなり出題されていました。これだと思って、10年ほどの過去問題をすべてピックアップし、一冊のノートをつくり、シルクロード関連の重要箇所を徹底的に理解するように努力しました。これは効果抜群でした。その集中学習のおかげで合格すれすれの得点以上に達したのだと思っています。東西交流史の勉強の成果は今でも美術の仕事の中で大いに役に立っています。

ところで、ドイツ語の家庭教師は英語に比べるとやや有利で、週2回、試験前は3回、各2時間で月1万円が相場のようでした。

そうした事情が背景にあり、やはり刀剣の勉強をしている以上、一振りは欲しいと考えるのは当然で、武田さんの好意による幸運で月賦1万円30回払いにより、人生最初の一振りの刀を手にしたのでした。私が鑑定会に通っていた「日本刀剣美術保存協会」という、日本で一番権威のある機関で発行する当時の鑑定書「特別貴重刀剣」の認定と、外装部分の「貴重刀装具」の認定にも合格しました。当時、「日本刀剣美術保存協会」では月に2回、土曜日に鑑定会を実施していました。

私はまだ学生でしたから、参加されている方々はみなさんが私の父以上の年齢、中にはお爺さんの年齢の方々も大勢いらっしゃいました。私の年齢は珍しかったようで、みなさんからいろいろ好意的に教えていただきました。本当に素晴らしい国宝、重要文化財、重要美術品の刀を手にとって見られるわけで、心から感動しました。刀の冴えた美しさ、刃の驚くべき働《はたら》きに心が震えました。のちに刀剣の師として学ぶことになる飯田一雄先生に鑑定会で出会えたのもこの頃で、そこで飯田先生に私のもっている刀を見ていただいたのです。

飯田先生の主宰する『刀剣春秋新聞』に「我が愛する郷土刀」という欄があり、この刀は珍しいということで私の播州光明寺住宇多国宗作之が先生の新聞に掲載されたりもしました。武田さんに強く勧められて購入した刀だけあって、かなりよい刀であったことは確かでした。

そうこうしているうちに、のちに語り草になった「大刀剣ブーム」がきたのです。

●学生時代の刀剣ブーム

武田さんは仕入れた刀を打ち粉で手入れしていると「その刀はいくらだ？」と聞かれて売れる、また何振りか仕入れてもすぐに飛ぶように売れる、次第に刀は仕入れも売値も大きく値上がりして、何倍にもなったのです。武田さんはあまりにも急激に値上がりしたので、暴落を警戒するようになり、仕入れもやや控えていたようでした。

私が武田さんから一振りの刀を譲り受けて半年後の頃だったと思います。武田さんはご自分の手持ちの刀を売り払って在庫がなくなりかけていました。アルバイトで手にした1万円をもって月賦を払いにいった私に「お前のもっている国宗の刀を売れ」というのです。まだ半年くらいしか経ってないのに売れという武田さんに驚いて尋ねました。「一体いくらくらいで売れるのですか？」と。すると武田さんは残債金24万円すべて相殺した上で、手取りで90万円くれるというのです。今でいうと600万円くらいでしょうか、本当に驚きました。

こうして私は古美術・骨董品の世界とその経済効果、特にブームの値上がりというものがいかにすごいかということに、いやおうなく気づかされたのでした。

武田さんはこの先、相場はピークを打って暴落するだろうから、刀はしばらく買うなと忠告してくれました。その後、本当に記録に残る大暴落が起こり、かなりの方々やプロたちが大きな損をされたようでした。素人の学生の私が大きく儲けられたのは、すべて武田さんのおかげによるもので大変ありがたいことでした。

よくあることですが、偶然の大金を手にしてのぼせ上って気が緩み、調子に乗って次から次に買っていたら、元の木阿弥で、損した金額はきっと大きかったことでしょう。これが、私が人生で最初に経験した大変ラッキーな「相場」であり教訓を遺してくれた「ブーム」でした。

その後、武田さんのアドバイスにしたがって、その資金を元にしてさまざまな古美術・骨董品の世界を勉強することができました。最近、歴女《れきじょ》、刀女《とうじょ》などという現象があるそうですが、これは本当の古美術のブームではなく、単に女性が歴史や刀剣に興味をもっているという、物珍しさの範囲のものです。本当のブームは底辺が広く、実際に高額な金額を出して、大半を占める男性のコレクターが買わないとブームにはなりません。買わないというか、買えない女性たちではブームになりようもありません。マンガとかゲームがはやるという程度のものです。

●実現しなかった「相場」

そうでした、そのブームの前に私にはもう一つ実現しなかった「相場」がありました。刀剣について勉強して少しわかりはじめた頃、まだ刀を一振りも所持していなかった頃のことです。今のＪＲ有楽町駅近くでビル経営をされていた実業家で刀剣コレクターでもある塚本素山《そざん》さんのビルがあり、その中に塚本さんの刀の店がありました。今はないその店に国の「重要美術品」に指定されている長曾祢《ながそね》虎徹《こてつ》興里《おきさと》入道《にゅうどう》と銘の入った刀が展示されていました。天才刀工虎徹のことは勉強していたし、これは国指定の重要美術品で身幅のある豪快なすごい刀だと思い、値段を聞きくと８００万円だというのです。

大手出版社役員だった私の父は当時、家を買いたいとかねてよりコツコツと貯金をしていました。１２００万円くらいのマンションを探していたのを知っていましたから、その虎徹を買わないかと伝えたのです。すると父は真っ赤になって怒りだしたのです。語気が強かったことは覚えていますが、アパート暮らしで家もないのに刀など買えるか……、と叱られたと思います。「刀など……」といわれたことが妙に記憶に残りました。のちの例の大刀剣ブームでその重要美術品の虎徹は１億６０００万円くらいに跳ね上がったようで、どなたかが買われたと風の噂に聞きました。父の買った3LDKのマンションなら12~13戸分はゆうに買えたでしょう。うまくいけば家族はそのうちの1戸に住んで、残りを賃貸に回せば父はその後、苦労せず豊かな老後を過ごせ、私もそれを遺産として受け取ればこうした原稿も書かずに豊かな老後を迎えられたに違いありません。

しかしそうはいかないのが人生なのです。「刀など……」といわれた私はその虎徹刀の値上がりのことを父にいってやると、父は黙っていました。まあ一般的に刀に虎の子の住宅資金800万円をポンと出す人は常識的に考えて少ないというか、まずいないでしょうから、当然のことでしょう。しかしそういうところが人生の岐路なのかもしれません。

しかしそれでも私が学生としては驚くべき大金を手にできたことは実力でもなんでもなく、「偶然で、ラッキー」なことでした。運がよかったということです。欲を出したら売り逃していたかもしれません。すべて武田さんのおかげでした。

競馬やパチンコ、麻雀などの賭け事を私は一切やりませんが、こうした賭け事も友達同士の付き合いで試しにやってみたり、遊び半分でやったりすると不思議なもので当たるのです。そうすると今度は、よしっ、一丁本気でやってやろうかと欲をだして一儲けたくらむと失敗ばかり……。私は競馬で家2軒分すったという方を知っています。それが賭け事の魔力というものだそうです。聞くと一時、競馬でものすごい大穴を当てて、受け取った札束が背広やズボンのすべてのポケットに入りきらず大いに困ったほどらしいのですが、その夢よもう一度……、あの快感をもう一度体験したいと頑張ったようですが、その経験は二度となかったそうです。欲をもつことは人生である意味よいことと思います。人間の行動の原点でもありますが、賭け事の欲は人生を破滅させる原因になりかねません。

私はよき先輩、よき師、反面教師に恵まれたせいで、その刀剣ブーム以後、きわめて慎重になり、危険をおかすことは少なかったように思います。しかし長くこの世界に身を置くとさまざまなことが身の回りで起きてくるのです。

●「謙虚」であることの大切さ

つい最近の話です。仏教美術に興味をもたれた若い方が、ある露天の骨董市で100万円の鎌倉時代の仏像を買ったという噂が聞こえてきました。まだ古美術・骨董品に興味をもたれて間もない方らしいのですが、この不況時に100万円の現金を気に入ったものにポンと出す勇気には敬服いたしました。その若い方の買いっぷりに（月賦ではじめて刀を買った私との違いに)、ふと興味を覚えたのです。

ところがしばらくして、その方の買われた仏像が鎌倉時代の作品ではなく、室町時代かもしれないと彼が周りに話していると伝わってきました。いろいろな噂がこの業界には駆け巡り、どこから聞いてくるのか、情報通はいろいろな話を知っています。私はこうした裏情報にはあまり関心がありませんが、その若い方がどのような仏像をどのように買われるのか興味もあり、できるだけその情報を詳細に手繰り寄せてみました。

その若い方、お名前は知りませんが、B氏としましょうか。どうも聞くところでは、熱心に東京のいろいろな有名店を回っていて、あるときは京橋、日本橋の一流とされる店に、あるときは六本木の有名店に、あるときは銀座の老舗の店にと、いろいろな名店に顔を出していたようなのです。ところが最近、そうした有名店で相手にされなくなると、時を同じくして、露天に面白いものがあることに気がつき、露天に通うようになったらしいのです。そこである古美術・骨董商から100万円の仏像を買ったらしいのです。

この若い方の古美術・骨董品に対する姿勢を分析してみると、どうもこのように想像できます。仏像に興味をもち、経済的にもかなり高収入を得ている方らしいので、一流店に行けばよいものを手にできるだろうと考えたのでしょう。理にかなっていると思います。そこで熱心に通いました。最初は一流店側も買いそうな客だから熱心に説明して、買ってくれるようによい作品を見せたりしたようです。しかし、彼は買うといっては買わなかったり、疑心暗鬼になってキャンセルということがたびたびあったようです。そのようなことからか、最近は「よいものがない」という理由で、店側がなかなか見せてくれなくなったらしいのです。

その方は買うといっては、すぐにキャンセルをしたり、買う約束をして買わなかったりしたことを続けた結果、完全に相手にされなくなったのでしょう。それだけではなく、いつも説明だけ聞いてお茶を出してもらいながら、あれやこれやと見せてもらいながら長い時間、店に居座ったようなのです。ただ勉強しにこられても店としてははなはだ迷惑、買うといってもすぐにキャンセルしたり、返品したりする「いやな客」というイメージが古美術・骨董商の中にできてしまったのでしょう。相手も仕事ですから当然のことといえば、当然のことなのです。

その若い方は自分では古美術・骨董品、特に仏教美術について相当勉強したと思われているようなのですが、プロが真剣勝負の中で蓄積してきた知識・経験とはやはり比べようもない知識であったであろうことは想像できます。この方の失敗は、もとはといえばやはり若い方特有の「自信、背伸び」が原因でしょう。「自分は初心者だから、これから勉強していきたい、ついては少しずつしか買えませんが、買っていきますからよろしく教えてください」ということがいえなかったからだろうと思われます。そこまでいわれれば古美術・骨董商も「わかった」となり、よい品を勧めるでしょうし、最後まで面倒をみるものです。露天を自分で歩くようになってから、100万円の仏像をあまり懇意でもない古美術・骨董商から買ってしまった、それも自分で鎌倉時代と思ったか、相手にいわれてそう思ったか、いずれにしても時代違いの作品を高額で購入してしまったようなのです。

私は1947年生まれで、戦後の一番出生数の多い世代、いわゆる「団塊の世代」に属しますが、同世代が多いため、なにをするにも大変です。その中でも受験は特に大変でした。受験地獄。もっと厳しい受験勉強の世界を経験された方々は多いと思いますが、特に私のように、この団塊の世代といわれる競争世代に生まれた方々には、受験勉強で鍛えたことにより、要領よく本での勉強と暗記でなんでもわかるという過信をもつ傾向が強いように思います。しかし古美術・骨董品の世界にはこうした軽い気持ちは通用しません。むしろ百戦錬磨のベテラン古美術・骨董商に、本から得たウンチクなどを傾けたりすると「お若いのによくご存知で……」などとおだてられ、逆手にとられて高額なものを買わされるのがオチなのです。

歳をとられたいわゆる「年配の初心者」にこの傾向は顕著です。かつて日本社会に幅をきかせた大企業の重役や年功序列の世界とは反対に、古美術・骨董品は実力、感性、個性の世界ですから、その方がある大会社の重役をしていたとか、社長をしていたとかの経歴は、まったく関係のないことなのです。年上であるからとか、偉ぶりたい、ちやほやされたい、誉められたい、威張りたい……、こうした心のスキにつけこまれ、おだてられ、持ち上げられます。そして結局はそれが「大損する、失敗する」最大の原因であることに気がつきにくいようです。

どうしてそういうことがわかるかといいますと、実は私も同じような経験をしたことがあるからなのです。

東京で古美術・骨董商が集まる有名な場所は日本橋、京橋です。その京橋にある有名な仏教美術品を扱うA氏の店で、当時、今から20年前くらいでしたでしょうか、私は平安時代の鏡にあこがれて勉強していました。その店で主人が平安時代という鏡を何点か見せてもらい、その中から買える1点を選んだのですが、その後何か月かいろいろな美術書、展覧会のカタログなどを見て調べていたのですが、なにか腑に落ちないというか疑念がわいてきたのです。そこで購入した店にもっていって、「これは平安時代の作品ではなく、鎌倉前期のものではないか?」と訊ねたのです。

どう返事をするか、固唾をのんで待ちました。そうしたら、

「細矢さん、よく勉強しましたね！　では今度は平安時代の鏡をお分けいたします。差額はこの鏡を下取りして、あと15万円追加してください……」

「うーん、これが京橋の古美術・骨董商の商売か！」と感心しました。平安の鏡が欲しいといったはずなのに、なんで鎌倉前期の鏡を勧めるのかと、文句の一つもいいたい勢いできたのに、誉められて拍子抜けしました。その上さらに15万円余計に払わされたのです。日本橋、京橋の商売の仕方の一端を垣間見て感心したりもしました。決して贋作を売るわけではないのです。ぎりぎり時代違いの鎌倉前期の鏡を平安時代の鏡として売るのです。そこで勉強したら、次に本当の「平安時代の鏡」を売るのです。二度儲けながら相手に勉強させ、悪く思われないように答えるのです。したたかです。これがもし平安時代の贋作の鏡を売っていたら、それはもう信用がなくなり、二度とこないということになり、お付き合いは終わりになります。儲けながら微妙に次につながっていくところがすごいのです。

いずれにしても老若男女を問わず欲を抑え、「謙虚さ」が一番大切であることを、自戒とともにこのB氏の100万円の仏像事件で改めて思い知りました。

●「授業料」を惜しむな

先に人間関係を大切にすることがよい古美術・骨董品を手にできる重要な要因の一つであるということをお話しいたしました。それに関連したお話です。「授業料を惜しむな」ということについてです。

私は現在、東京で「日本骨董学院」という古美術・骨董品の知識をみなさんにお教えする学校を経営しておりますが、ここでのテーマは学校に払う「授業料」とは内容が少し違います。それはなにかを教えてもらうときのお礼のようなものとお考えください。

私もかつて学生であった頃、前にも述べた武田さんという古美術・骨董商の店に顔を出しては古美術品を見せていただきながら、いろいろ教えていただきました。高校3年生であった私には、別世界の思いがけないほど面白い話が聞けて、それが楽しくてよく通ったものでした。

ところがあるときを境に武田さんがあまり話をしてくれなくなりました。どうしてだろうかと考えたのですが、どうやら私がちっとも買う気配がないので、疎んぜられたようなのです。ですが高校生の小遣いなど、たかが知れています。それでも前から気に入っていたお顔のよい室町時代頃の古銅でできている雰囲気のよい仏像（といっても七福神の寿老人）がその武田さんの店にあったので、これはいくらですかと思い切ってきいてみたのです。そうしたらいくらもっているのかと反対にたずねられたのです。「3000円です」と正直に答えました。前にも書きましたように当時の大学卒業の新入社員の初任給が3万円程度でしたから、今の3000円とは違って、自分が溜めた小遣いとしては少なくない金額だったと思うのですが、武田さんは「う〜ん」といってしばらく黙っているのです。無理かと思ってあきらめたとき、「君ははじめて骨董品を買うのか?」と聞かれました。そうですと答えると、よしそれでは売ってやろうといってくれたのです。きっともっと高かったのでしょう。私の人生最初の古美術・骨董品買いに協力してやろうという、さすが、甲斐の武田家の血を引く気っぷのよい武田さんの心意気。そのときに教えていただいたのですが、古美術・骨董品でも、それ以外のなんでも、いろいろ人から教えてもらったときにはお礼というものが必要だということでした。

特に古美術・骨董品の世界では、貴重な知識を得るのに古美術・骨董商の人たちは大変な苦労をしたり、損をしたり失敗を繰り返しながら得た知識を教えてくれるのですから、それに対してお礼をすることは当然の礼儀です。武田さんはそのお礼のことを「授業料」といっておられました。教えてもらうなど、なにかをしてもらったときはお礼をする、これはすべての人生に当てはまることのように思えました。

それ以来、私はなにかを教えてもらったときにはどんなときでも授業料を払うことにしています。もちろんお金で払うわけではありません。たまになにか欲しいものがあったら、安いとか高いとかに関係なく買うこと、そのことが相手に対する授業料なのです。またはあるときはお菓子をもっていくとか、ジュースを買っていくとか、要するにこちらの感謝の気持ちが金銭の高い少ないに関係なく、それなりに相手に伝わればよいのです。本当に若いときによい経験をさせていただきました。お世話になったり、貴重なお話を伺ったりしたときは、きちんと相手の方にお礼をしましょう。人間関係が円滑に進むようになります。

自分は遊び、趣味気分でも、古美術・骨董商は遊びで店を開いているわけではないのです。仕事でやっています。家族もその収入で養っています。ですから真剣勝負の世界なのです。相手の好意に甘えてばかりではいけないのです。お礼は、今でも守っているよき人生処世訓となりました。これを守れない人たちがいかに多いかと、つくづく思います。

そしてその結果かどうかはわかりませんが、段々とよい古美術・骨董品が手に入るようになりました。日本では知識への対価を払うということはなかなか実践しにくいことです。前述の、私自身が刀剣で利益を得たことは偶然の結果に思えるでしょうが、実はそうではないのです。あとに大きな利益として儲けることができたことは自分の功でもなんでもなく、武田さんとの付き合い方でした。その基本のスタンスはこのときに学んだことの延長線上にあったことと考えられます。３０００円の仏像やその後の授業料の延長線上に「信用」が築かれ、さらによい刀を世話してもらい、そして買うことができ、それも30分割という普通では考えられない月賦で手にできたのです。その結果としての大刀剣ブームだったのです。そこに一見偶然とも思える利益が生まれることになったのですが、それは長い間の信頼関係があったから起こりえたことだと思っています。やはり何事も謙虚さ、よい人間関係、信用を続けることが一番大切だという一例のように思います。

●骨董を買う前に人を買え

武田さんとの関係は、彼が亡くなるまで続きました。おしゃれで酒も適度に楽しみ、元々画家でしたから絵も描き続けて個展にも何回か招待されました。好きな古美術・骨董品を楽しみ、気が向いたら絵を描く。彼はパイプも粋に嗜み、私もその影響を受けていたずらに吸ってみたりしました。のちによいパイプをコレクションしはじめたのも武田さんの影響でした。

そのパイプもこれまたブームになったことがありました。

さて、古美術・骨董業界には「骨董品を買う前に骨董商を買え」という言葉がありますが、それはどのような意味なのでしょうか。まさか古美術・骨董商その人を買うことはできませんから、それはたとえ話なのだとはわかりますが、よく考えてみると店で売っている古美術・骨董品はすべてその店の主人が選んで仕入れてくるわけです。そうしたことから、次のようなことがいえるのです。贋作が多い店の主人は贋作であり、よいものを置いてある店の主人は本物という見方も、古美術・骨董品という観点からすればあながち間違いではないでしょう。そこでよい主人を選べば、おのずとよい古美術・骨董品も手に入るという、そういう意味なのです。早い話、まじめで、よい人柄で、長く付き合える気の合う古美術・骨董商を探しなさいということなのです。

そこで自分の好きなものを売っている古美術・骨董商、気の合いそうな古美術・骨董商を探すわけですが、それがなかなか雲をつかむようでうまくいきません。どの古美術・骨董商がよい古美術・骨董商なのか外見ではわかりません。

ここではいくつかのヒントをお教えしたいと思います。何代か続いている古美術・骨董商は信用できると思います。新しい古美術・骨董商でも、熱心でまじめに対応してくれる、買った品物についても、いつでもその店から買ったものには2割から3割つけてくれれば下取りに引き取るといってくれる場合も信用できるでしょう。品物に自信があるのです。ですから返品はないと考えているのです。また真贋についてははっきりいってくれる古美術・骨董商も信用できます。こちらがすでに古物商許可証、すなわちプロの免許をもっている場合は、その旨を伝えて、正直に対応すればよいと思います。すべてにわたって隠し事はいけません。結局いつか相手にわかってしまいます。そのときに相手はがっかりするでしょう。

それではどうしたらよいでしょうか。それにはまず品物について話しをしてみて、買えそうなものを何回か軽くお付き合い（少し買うこと）すれば、相手がどういう人かわかります。

そのようにして自分が信頼できそうだと思った古美術・骨董商の何人かと接してみます。先にも書きましたが、大切なことなので繰り返し述べます。基本的に人のお付き合い、交流というものを円滑にするためにはいくつかのマナーやルールを守らねばなりません。贋作を売りつけられて、相手を恨む前に、自分の行動とか言動を顧みる必要もあると思います。「因果応報」「天に唾する者は、自らにかかる」などのことわざがあります。上から目線で接していた、挨拶ができていなかったなどいろいろ反省してみる必要もあります。そこで古美術・骨董店に入ったときの基本的なマナー、ルールについて書いてみたいと思います。

①挨拶

これはどのような人間関係でも、とても大切です。「おはようございます」「こんにちは」は基本です。黙って店に入って、黙って見ている、これほど感じの悪いことはありません。

「こんにちは。ちょっと見せてください」

この一言がどれほど店主と客の両者の間を緊密なものにするか、はかり知れません。すべての未来の人間関係の良し悪しがここからはじまるといっても決して過言ではありません。

お店の主人も、

「どのようなものをお求めですか？」

といった会話に発展します。要するに会話のきっかけが大切なのです。

「伊万里に興味がありますが、まだ初心者なので……」

「そうですか。それでしたらここに少し補修はありますが、間違いのない初期伊万里のよい皿がありますから、名刺代わりに安くさせていただきます」

というような会話に発展する可能性は大いにあります。気持ちのよいお付き合いは、こうしたほんのちょっとした謙虚なやりとりからはじまるものです。お店の主人もプロですから、こういう謙虚な方ならお勉強に協力してあげようと思うのではないでしょうか。

②金払いがよいか悪いか

いうまでもなく人間同士の契約とか、約束を守るということは、最低必要なルールです。お互いの信頼関係というものの構築には、約束を守るということが絶対の条件です。特に金銭にまつわるトラブルが古美術・骨董商には多いだけに、約束を守ることは大切です。自分の経験からいいますと、信頼とは一言でいえば「金払いのよさ」ということに尽きます。金払いのよい人は約束を守る人で、待ち合わせ時間を違えるようなこともしません。すべてにわたってトラブルを起こすようなことはありません。

古美術・骨董品は一般的な買いものと違って、高額なものが多いので手持ちの資金では欲しいものを買いきれない場合が多いのは確かです。そこでいついつまでに残金は払うからとか、あとで払うからとっておいて、と約束します。それを連絡もせずに故意に払わなかったり、とりにこなかったり、キャンセルしたりすると信用を失います。そうなるとお店の側としてはよいものを紹介しようとか、安くしてあげようという気になれなくなるのは人情です。

③貴重な話を聞けたら「授業料」を

何度もいうようですが、古美術・骨董商は遊びで仕事しているわけではありません。店を出していれば家賃や固定資産税などもろもろ経費がかかります。よく耳にする話ですが、店に長く居座って、お茶やお菓子を出してもらって、店主からいろいろ話を聞いて、教えてもらって、なにも買わないで帰っていく、これが何回も続くと相手にされなくなります。自分が逆になって考えればすぐにわかります。店主はその方の話し相手をするために店を出しているわけではありません。自分や家族を養うために店を出したり、露店を出したりしているのです。売るために商売をしているのです。なにがしかの品物を買うこともマナーの一つです。これがわからない人が結構多いのです。高いものを買う必要はないのです。ちょっと気に入って使えそうな蕎麦猪口や徳利などを買うこともその知識に対するお礼になります。

④ひと月に１回は顔を出す

できればひと月に１回は店に顔を出したいものです。もちろん忙しくやむを得ない場合は別ですが、理想はそのくらいで店に行くとお互いの心が通じ合います。半年も姿をみせないとやはり疎遠になります。特に最初の頃はそれが大切です。最初は熱心に通いますが、そのうちぱったりこなくなる方もおられます。やはり定期的に、気に入った店には最低でも月に１回は伺いたいものです。

●よい古美術・骨董商とは

プロ同士の売買ですと、定価の6掛けから7掛けくらいには安くなるでしょう。うまくすると半額ということもあります。それはあくまでもお付き合いの仕方にもよりますから、必ずそうなるとはいえません。しかしよい古美術・骨董商と付き合うと、その店に通っている客とか、自然にそのまた友達のよい古美術・骨董商と知り合いになれたりして、連鎖的によい関係の輪が広がっていくものなのです。私は会員の方々と骨董市を一緒に回ることを講座の一環で昔から行っています。それは私が長くお付き合いしている古美術・骨董商を積極的に会員にご紹介して、これからの会員みなさんの無駄な負担を少なくしたいという理由からなのです。

ですからみなさんがこれから古美術・骨董品で楽しみたいとお考えなら、古美術・骨董商の中からぜひよい先人や先輩を探してお付き合いすることです。それがあらゆる意味でよい品物、すなわち価値ある古美術・骨董品が手に入る最短コースであるからです。進んでよい人間関係をともに築こうとする努力が一番大切なのです。

●プロの古美術・骨董商とは

それではここで「プロ」を知るためにも、プロの古美術・骨董商とはどのような職業で、どうしたらプロになれるかについてお話しします。プロとはその道で生活している専門家を指していう言葉です。

古美術・骨董業界の内情をお話しすると、その仕入れの大変さがわかります。ものを見分けるには相当の鑑識眼が必要ですし、それを得るためには長きにわたりそれなりの修行が必要です。先に延べた授業料もかかります。プロといわれるそうした古美術・骨董商は、通常「業者市」という場所で品物を仕入れます。プロになる条件はただ一つ、各都道府県の公安委員会が発行する「古物商許可証」を手に入れることです。これがなければプロにはなれません。これは現在日本で一番簡単に取得できる資格といわれています。この許可証は試験もなにもなく、犯罪の前科がなく、大きな法律違反事項がなく、そして善良な日本国民で18歳以上であれば基本的にどなたでも取得できます。しかし、古物商許可証の発行のための事務事項を担当している地元警察署の生活防犯課の係の方との会話で、古物商をいつかアルバイト的にやりたいから取得したいなどといった方は、大半は発行してもらえないと聞きました。この許可証を得たら古物商や古美術・骨董商をすぐに真剣にやりたいという気概がないと許可証はもらいにくいということです。公安委員会の発行の趣旨は本当のプロになりたいという人だけに発行するものだからです。いつかやりたいとか、中途半端、いい加減な姿勢ではどんな仕事をしてもダメです。仕事をきちんと開始してやっているかのチェックも毎年あります。

こうしてやっとのことで手にした古物商許可証をもって業者市に参加します。古物の業者市はインターネットで検索できます。そこに掲載される業者市のどれかにまず参加してみる、それがプロとしての第一歩になります。この業者市ですが、ここでは基本的に一般的な売値の半額から三分の一程度で買える仕組みになっています。そうでないと古美術・骨董商は利益も出ず、生活できなくなるからです。考えてみればどのような生活用品でも、なんでも商売の仕入れは、三分の二から三分の一です。利益が出ないと経済は回りません。

古物商にならないで、許可証をもつ人を「眠り業者」といいます。古物商許可証を発行してくれる窓口である警察では、この眠り業者をできるだけ排除して、健全な業界、業者市にしたいと考えています。アマチュアのみなさん方が大挙して古物商許可証を取得して買いにきたら、生活のかかるプロの古美術・骨董商にとってははなはだ迷惑だからです。しかしアマチュアでうまく買えるかというと、それがなかなか難しいのが古美術・骨董商の業者市の仕入れです。「ミイラ取りがミイラになる」世界ですから、逆に業者市で失敗したりする素人コレクターもおられます。なぜなら業者市には贋作もたくさん出てきますし、そうした贋作を買っても返品は絶対にできないのが業者市の厳しいルールだからです。通常買ったものはその日に金銭を支払い、清算して品物を受け取って帰ります。買ってきたものに修理があったり、ひびが入っていたりしても、返品、交換はできません。セリをするその場で瞬時に判断して買うのがプロだからです。そうした真剣な勉強、真贋の勉強はみなさんが時間をかけて済ませた上で業者市に参加する、あるいはそれを承知で勉強を実践の中で行う覚悟で参加します。自己責任はどんな仕事でも同じです。株でも、いくら証券会社の人が勧めた株が値下がりして大きく損しても、弁償はしてくれません。

どのように高額な商品でも、売り買いは最終的に自己責任だということです。古美術・骨董品も同じです。損すればこその真剣さで鑑定・目利きの道を歩まざるを得ないのです。だから知識が身につくのです。ですが真剣勝負で斬られてばかりではダメです。斬られないように技術を高める、すなわち鑑識眼を高めることで自分の身を守らねばなりません。

そこからさらに上級になりますと、一般的な客にも接することもなく、店ももたないで生活するプロがいます。そうしたプロを「果師《はたし》」と尊敬の意味を込めて呼びます。果師はプロ中のプロとされ、プロが集まる業者市で買った古美術・骨董品をまた別の違った地域の業者市で売りさばいて、その差額で利益を得る人を指していいます。どういうことかといいますと、例えば福島の業者市Aで室町時代の肥後（現在の熊本県）でつくられた刀が20万円で売りに出たとします。目利きの果師Kさんはそれを平然と20万円で買って、それをもって熊本の業者市Fに持ち込むわけです。その間、全国のいろいろな業者市を回るわけですが、そこでその刀を参加している古美術・骨董商に下見で見せるわけです。そして熊本で「おお、これは室町時代後期から桃山時代前期の肥後同田貫上野介《どうたぬきこうずけのすけ》の刀だ」ということになると、刀に詳しい方の多い場所だけにみなさんこれは儲かる刀だ、ぜひ手に入れたいとヒートアップしてくるのです。同田貫の刀は肥後熊本城の城主、加藤清正公が愛した刀といわれ、時代劇の「子連れ狼」の主人公、拝一刀《おがみいっとう》が所持したという実戦刀で、よく切れる刀の代名詞のように思われ、アマチュアの愛刀家に絶大なる人気を博している名高い刀だからなのです。高く売れるからみなさん欲しいので、セリ上がるわけです。10万！　20万！　40万！　50万！　55万！……、こうして55万円で競り落とされたとしますと、20万円で買った刀が、違う場所で55万円で売れたことになるのです。売りの手数料が4パーセントほどですから2万2０００円差し引かれて業者市の運営費、利益になります。手元に現金で52万8０００円入ります。すなわち仕入原価20万円引いて約32万８０００円の利益が生まれます。

もちろん果師は全国の業者市を車で回っていますから、宿泊費（車に宿泊施設、簡易ベッドなどもある場合が多いのですが）、ガソリン代、高速代など、もろもろかかります。いわゆる店をもつ古美術・骨董商の家賃代に当たるのでしょう。全国で買った古美術・骨董品が、大型トラックの後部の両側に売るべき業者市ごとに細かく仕切られた棚があって、買ったその日にこの品は新潟のG市に、これは東京のD市に、これは大阪のC市に、これは熊本のF市にという具合に仕分けして収納していきます。こうして次の業者市に向かい、売り買いします。売ったり買ったり、仕分けしたり、これの繰り返しの仕事ですが、基本的に同じ品物を扱うわけではありませんから、変化に富み、真剣勝負の連続ですから、大きな利益を得たときの充実感はなんともいえないといいます。さまざまな場所の美味しいものを食べ、温泉に入り、極楽気分でしょう。こうした売り買いを刀に限らず、あらゆる領域の品物で行い、儲けるのです。彼らの頭の中には、全国の業者市の地域的特徴、先の熊本なら武具に人気があるとか、さらにそこに参加している古美術・骨董商たちの顔はもちろん、性格や好みの傾向、買いぶり、資金状態などがすべてインプットされているのです。ですから一般的な素人相手の古美術・骨董商とは違った、全国的で一歩も二歩も踏み込んだ、プロ相手の生き方をしているのです。

そのほかに、いま述べた果師との中間的な立場の人たちも多くいます。果師と同じように業者市で仕入れた古美術・骨董商が友人の古美術商や骨董商、露天商に売るという場合です。車で日本を駆け回る果師より、狭い範囲のプロたちに売るというケースです。これならかなり手軽ですし、多くの古美術・骨董商が日常茶飯事やっています。ですからプロの古美術・骨董商は、遅かれ早かれ果師的要素はもっているといえるのです。いつ売れるかわからない古美術・骨董店での商売より、少し安くても説明する面倒くささもなく、こうした早く利益を得られるプロ同士の取引は盛んです。

これは10年ほど前の話ですが、茶道教授の老女の話です。昭和～平成バブルがはじけて、日本はかつてなかった深刻な長期不況を経験することになりました。現在、日本人は経験したことのなかった「新型コロナウイルス」による感染症の影響で、今後の経済がどのように変化していくのか不明ですが、よくなることは世界的にないと思います。伝統的な日本文化の領域にも、その変革の波は押し寄せてきています。こうしたあおりをまともに受けているのが、茶道などの伝統的な礼儀作法などの習い事を教えている先生方です。

若い女性の方々の、いわゆる教室離れが起きて、さまざまな習い事の教室が消えていくのが現実です。そのため会員が年々少なくなっていくことを考えて、引退を決意する先生方が増えてきました。そうした先生方がまず考えることは、今後の老後の生活への危機感から手持ちの道具類を早めに処分してリタイア後に備えることでした。練習用の諸道具が売りに出され、それをほかの多くの先生方も見習い、我も我もと売りが殺到する事態になりました。そうしますと価格は当然下がります。1万円くらいした練習茶碗は1碗500円レベルに下がってしまいました。それでも売れない状態が続きます。それではと少しよいものを市場に出すと少し高く売れます。するとまた真似をする人が現れて価格は落ちます。このように売りが先行すればするほど価格は下がります。今現在の茶道具で一番高額なのはなんといっても茶碗ですが、これもかつての高嶺の花クラスの作品が暴落し安くなってきています。驚くべき値段で、かなりよい茶碗が買えます。刀剣も同じです。刀剣は私が経験した大ブーム以後、鳴かず飛ばずでとうとう本格的に安くなりました。歴女《れきじょ》、刀女《とうじょ》などともてはやしても、彼女たちに刀剣を買う資力はありません。きっと女性的な古美術・骨董品への向かい方は、マニアックになることもなく、また買うつもりもないし、買う資力もないと私はみています。ですからブームは残念ながら起こりえないと思います。

通常、女性の好みは一般的に、①きれいなもの、②使えるもの、③安いものに向かうといわれます。対して男性はどうかというと、①使えないもの、②高額なもの、③きたないものに向かうとされます。男女の好みはまったく反対です。女性が伊万里磁器や古裂のような「きれいなもの」で「使えて」「安価なもの」が好きなのに対して、男性は信楽や常滑の鎌倉時代の汚れた壺や実用には使いにくい刀剣、仏像、土器、ガラクタ骨董に興味をもちます。男性は古いものや歴史にロマンを感じ、女性は現実的な好み（リアリズム）から使えるものを買うようです。ロマンチズムとリアリズムは正反対です。

●生き馬の眼を抜く古美術・骨董品の世界

話を戻しますが、先のお茶の先生方が道具類を売る場合、どうしたらよいでしょうか。いくつかの選択肢があると思いますが、まず近所の古美術・骨董店に連絡して見積もってもらいます。新聞などに出ている信頼できそうな古美術・骨董品買取広告を見て電話してきてもらう（後述しますがこれには怖い話もあります）、また今まで買った古美術・骨董商に話をもっていく、売ってくれた古美術・骨董商であれば、売値もわかっているでしょうから、有利に引き取ってくれると思うからです。こうした考えで古美術・骨董商に話をもっていくはずです。

古美術・骨董商も商売で、古美術・骨董品売買できっちり利益を出さないと生きていけません。それも景気がよければ少しは高く買い取る古美術・骨董商も出ますが、現在のように不況突入だとそうはいきません。

さて、贋作をつかめばつかむほど鑑定眼は上がると平気でいう方々もいます。確かに日本で数本の指に数えられる有名な古美術・骨董商Mさんでも、丁稚で古美術・骨董商に入った若い頃はいつも古美術・骨董品を買えば必ず贋作をつかんでいたといわれます。

しかしその贋作つかみの名人も、考え方というか心構え一つで日本でも数本の指に数えられる古美術・骨董商になれたのです。その方はとにかく自分でよいと思った古美術・骨董品を根気強く買い続け、そのたびに確認して贋作と思われる品を徹底的に勉強するのだそうです。その方のポリシーは「最初はみな見たことないものばかりだから、贋作を間違って買ってても仕方がない。ただプロであれば勉強して二度同じ間違いをおかしてはならない」というものでした。ですから彼にとって、わからないことがあれば、自分で調べることは基本中の基本ですが、それでもわからなければ、ご主人の客できている有名なコレクターに何人でも尋ねる、それでもわからなければ時々遊びにくる博物館や美術館の先生方に尋ねるわけです。

とにかく、なぜ贋作なのかを訊いて、訊いて、徹底的に訊きまくるのだそうです。今のように美術書、参考書籍やインターネットといった便利なツールがない時代の話ですし、当時の美術書は丁稚には高額で買えません。主人は基本的に丁稚には教えないことが多いので、自分でどうするか考える、そこにどうしたら正解が得られるか、熱心さ、心がけが問われるのです。そういうことを重ねているうちに次第に目利きになっていきます。何十年もたてば、すべての古美術・骨董品の鑑定に長けた大変な目利きになるというわけです。修行で入った丁稚Mさんは、本人の心がけ、考え方一つで、その後、日本で三本の指に入る有数の古美術・骨董商になったのです。

Mさんには一つの伝説があります。

ある東京の小さな業者市に真っ黒に汚れた細い木箱に入った「ぼろ裂」が出たのです。中にはぼろ布が入っていて、どうしようもないものだと一瞥した一般の古美術・骨董商は考えたようです。セリが1000円からはじまりましたが、3万5000円あたりで上がらなくなったようで、業者市の会主がこれは箱の雰囲気がよいから4万円で買ってやろうということでセリ落としました。ところがある会員の方が、あの中の古布は、ひょっとしたらよいものかもしれないから、東京美術倶楽部のセリに出してみたらどうかとアドバイスしたのでした。どうせダメもとでと出してみると、大騒ぎになり、あれは桃山時代の染織品、幻の「辻が花」だということになって、セリがはじまったのが１００万円からといいます。すぐに１０００万……、２０００万……、と上がり４０００万円で勢いがなくなり４５００万円あたりで止まってしまったようです。そこで「５０００万」と声を出してセリ落としたのが、あの丁稚から鍛え上げた古美術・骨董商のＭさんだったのです。彼は５０００万円で買っても、充分儲けがあると考えたのでしょう。洗い張りに出して、その間に煤けて真っ黒な箱を赤外線カメラで写真を撮影し、そこに「神君家康公より拝領」という文字を発見したのです。徳川家康の家臣が功をなしたとき、家康が「よし、よくやった！　わしの着ているこの小袖をやろう」と功臣にとりあえず「辻が花」の小袖を恩賞として下したのだろうと推測できます。当時、「辻が花」の作品は織田信長の姉妹たち、豊臣秀吉の本妻、側室たちも着ていた着物地で、今現在でもその製作技法は謎とされる一級品で、とても高額な一級の染織品とされます。もらった家臣は大切にその「辻が花」染を誇らしく子孫に伝えたのでしょう。それが明治維新の混乱で、物置の奥に押しやられて価値を失い、小さな業者市に出たのです。それがＭさんに渡り、昔の価値がよみがえったのです。

こうして「辻が花」染の小袖の歴史的、美術的価値は確定し、家康が着ていたということから国の重要文化財の指定を受けることになったそうです。そうしてMさん一流のいろいろな駆け引きを経て、最終的には1億5000万円で某美術館に売却したそうです。売った値段から買値を差し引けば、ざっと1億円の利益です。博物館相手ですから4割税金に払ったとしても6割が残りますから、6000万円の利益です。

ここで丁稚から頑張ってきたMさんの苦労も実ったわけです。もちろんそれに類する話はMさんにはたくさんあるわけで、その一事だけではありません。すでにMさんはお亡くなりになりましたが、日本橋に立派なビルを遺されました。彼はイギリスの著名なオークション会社、クリスティーズで1972年、元時代の染付磁器の壺をセリ落としました。当時朝日新聞で報じられた記事によりますと、「酒壺一つに1億8000万円、英国で日本人セリ落とす」と社会面の片隅に掲載されました。それまでの世界での工芸品の最高値で、世界の人が驚いたそうです。今の金額にしたらどのくらいの価値なのでしょうか。

鍛えた眼力と度胸でしょうか、くじけず、頑張れば結果はついてくる、大切なのは信念をもって努力して続けることとMさんはいいました。彼のこうした成功例は枚挙にいとまがありません。

●逃した「辻が花」

私の古美術・骨董品の先生であった武田さんから伺った話ですが、これも「辻が花」にかかわるものです。

武田さんは中野のブロードウェイのあと、神田神保町の三省堂所有の通称「神田骨董ビル」に移転したのです。今はないそのビルにはたくさんの古美術・骨董商が集まって、いわゆる古美術・骨董品モールを形成していました。そこに入った武田さんは、あるときそこのビルの古美術・骨董商をとりまとめている会長から「これどうだ、買わないか？」とあるものを見せられました。衝立形式で表裏に金糸の入った染物の布が張ってある、古そうなものです。衝立の枠にはかつての母校の東京美術学校、現在の東京芸術大学の意匠学科教授で、洋画家でもあった和田三造のサインが入っていたそうです。

和田三造先生のサインが入っているならきっとよいものに違いないと値段を訊いたら30万円だといわれたそうです。当時の30万円は今の70万円から80万円くらいの価値はあったと思いますが、まあちょっとした金額だったので、武田さんは返事をためらって、ランチしながら考えてきますといって外に出たのでした。武田さんが外出して間もなく、ある客がやってきて、その衝立はいくらかと聞くので、持ち主の会長さんは武田さんが考慮中でもあるので、10倍の３００万円と答えたそうです。３００万円ならこの客は買わないだろうと答えたら、ではそれいただきますと平然と買ってしまわれたのです。一切の値切りはなかったそうです。衝立の枠から布地だけを裏表外して、クルクルと巻いて現金３００万円をポンと支払ってすぐに去って行かれたそうです。

その話を戻って聞いた武田さんは「しまった、あれは辻が花だったんだ！」と気づいたそうですが、もう後の祭りです。その客は古裂のプロだと思ったそうです。値切りもしなかったことがそれを証明していたといいます。ここ一番の勝負するときは、プロは値切らないのです。下手に値切ると、気に入らない値切りだといわれたりして、売ってもらえなくなる可能性があるからです。だからプロは勝負の場面では値切りません。真剣勝負をしてきます。古裂のプロですから和田三造のサインの入った枠も邪魔とばかりに捨てていったのです。その日、会長さんは思わぬ大金が入ったので、みなを引き連れて、意気揚々と飲みに出かけたそうです。武田さんも誘われたけれど、行かなかったそうです。逃した獲物があまりにも大きかったので、自分でも情けなく、ガックリしたそうです。

当時、辻が花は1平方メートルくらいで１０００万円以上、裏表の2枚ですから合計

２０００万円以上上したはずだといいます。30万円で迷ったわけですから、ショックは大きかったでしょう。今でいえば４０００万円から５０００万円の価値だったのでしょう。そうした大魚に出会うのは人生で一度か二度の確率ではないかと武田さんはあとで話してくれました。日頃の真剣な勉強がいかに大切かを学ばせてくれた事例でした。

2　古美術・骨董品をめぐる数々の事件

古美術・骨董業界の仕組みや流れを理解したところで、いかに贋作をつかまないか、いかに騙されないかというテーマに話を変えましょう。

●プロ同士のトラブルに学ぶ

私の知人の古美術・骨董商の話です。

京橋にある名のある古美術・骨董店のショーウィンドウを見ていたら、おおらかな大ぶりの杜若図《かきつばた》の見事な鉄絵《てつえ》の入った志野の向付《むこうづけ》がありました。それは魅力的な絵であったので、吸い寄せられるように中に入って見せていただいたそうです。もちろんプロの方でしたから、値段も当時の金額で80万円と高額でしたが、店主のAさんとは同業の知り合いでしたので60万円まで安くしてくれたので購入することにしたそうです。それでは3日後にお金を用意してまたきますと帰ったそうです。

それから3日後にお金を払って品物を受け取って家に帰って中を開けたら、同じ杜若でも貧相な杜若の絵の入った向付が入っていたそうです。これではない、自分が感動したのは大きなのびのびとした杜若図でしたから、がっかりして翌日電話したそうです。

「いやあのときの絵志野の向付です」とAさんは言い張って引かないそうです。「私は中身を入れ替えるようなことは致しません」と言い張り続けたそうです。これは埒が明かないと思った知人は、「しかしこれは自分が3日前に気に入った向付ではないので、これならいらないから返金してくれ」と言い続けて、やっと仕方ないという様子で返金してくれたそうです。

彼曰く、「あのとき、買うことを決めたときに店の中で作品の写真を携帯で撮っておけばよかった」、と後悔していました。しかし信用ある店と思っていただけにがっかりしたそうです。

業者同士の取引は返品不可の世界ですから、プロ同士であっただけに「はめられた」可能性もあります。インターネットオークションなどでは類似品で値段が低いものを送ってくることもあるようですから、要注意です。

入れ換えは悪質です。美しいものを楽しんでいる人の気持ちを踏みにじる行為ですから、日にちをおく場合などは携帯カメラかデジタルカメラなどで撮影して、品物を確定しておく必要はあったでしょう。またインターネットオークションなどでは、悪い業者は掲載写真をすぐに消してしまいますから、証拠もなくなります。ですからすぐに掲載映像をスクリーンショットなどで保存しておく必要があると思います。届いた品物と掲載品が少しでも違えば「詐欺」ですから主催会社に訴えれば大きな信用問題に発展していく可能性があります。

●女性一人での財産処分は絶対にしてはいけない

前述した茶人の老婦人のうちの一人の方のお話です。

茶道教授の仕事を引退して、道具をいかに高額で売りさばくかという問題に直面することになりました。買った総額はすぐに計算できないほど大変な金額だったでしょうし、いちいち明細もありません。目録もつくらないと……、と考えた彼女は一応見積もりだけでも出してもらおうかと、ある新聞に掲載されていた「骨董・古美術品高価買取ります」（注：すべてがそうした業者さんではありません）の広告の電話番号に電話をかけてしまいました。「見積無料ＯＫ」の文字につられて電話してしまったようです。

すぐに住所を聞いて車でやってきた業者は、手伝いの者を数名連れてきて、明るいところで見ますからと、出してあった大量の道具類を中も見ずにすべて車に運ばせ、あっという間に１００万円ですと告げて札束をポンと置いてさっと出ていってしまったそうです。

電話で住所を聞いたときに、すぐに高級住宅地であると理解したでしょうし、車でやってきたときから、家の外観を見て、相当の資産家であり、処分の対象である茶道具類もすべてよいものであると見当をつけていたのでしょう。「えっ」とあっけにとられているうちにすべてが終わってしまったそうです。１００万円を受け取って、ただどうしてよいのやら、声も出ず、悪夢をみたような気分で、呆然としていたそうです。話を伺った範囲では、優に総額１億円以上の金額を出された道具類だったのではないでしょうか。

女性のお年寄りがお一人でこうした高額な美術品を処理なさろうとされるのはきわめて危険です。当然のことながら、私の知り合いの買い取り古美術・骨董商の中にはまじめな方が多く、このような業者は一部ではあると思いますが、少なくともそのお茶の先生側に男性が誰か一人いて、相談して特徴などを写した写真入り目録でもきちんと作成し、購入時の領収書や、それが無理であるなら思い出せるだけの金額でもひかえていたら、こうした詐欺まがいの買い取りには遭わなかったのではと思うのです。

こうした買い取り業者は、すぐにどこかの倉庫に運んで隠し、大きな仕事のあとはしばらく電話にもでないそうです。仮に通じて、戻してくれといってもすでに売却したと言い張って埒があかないことが多いようですし、仮にどこに売ったかと聞いても「企業秘密で情報はいえない」、の一点張りです。写真もないし、領収書も明細もなにもないのでは裁判や警察に訴えることすらできません。

本件は女性、しかも老女一人での財産の処分は絶対にしてはいけないという怖い事例でした。

●蔵からの盗難事件

「日本骨董学院」の会員さんの話です。その方の実家は甲府にあり、蔵のある名家です。今はみなさん東京においでになり、親族の方々はそれぞれが名家にふさわしい社会的地位にのぼられた方ばかりのようです。法律学の権威であられたり、某国立大学の歴史学の教授をされたりの名門一家でした。

その方の蔵のある甲府の家には、すでにその頃にはどなたもお住まいではなかったようなのです。お話ではご先祖から伝わる江戸前期と思われる「関ヶ原合戦図屏風」や、また明治時代の大礼服などや刀剣も何振りかあったようです。そのほかはご親族がみてもはっきりわからなかったそうですが、たくさんの桐箱に入ったご先祖からの遺品や茶道具があったようです。そこで蔵も古いし取り壊して、中のものを整理しようということになって、市内でも有数の古美術・骨董店に頼んで見てもらったそうです。非常に価値あるものということで、それでは時期をみて売却しようとお考えになったようです。

その数か月後、その蔵を開けてびっくりされたそうです。中になにも残っていなかったとのことです。蔵の裏に大きな穴があけられて、そこからすべて盗み出されたようなのです。もちろん警察に盗難届を出されたようですが、写真や物証になる記録もなにもなく、説得力のない話になってしまったとそのご家族は嘆いておられました。誰が盗んだかは推測の域を出ず、結局わからずじまいでした。もちろん疑うべき人たちもいましたが、はっきりした証拠があろうはずもなく、資産家の家柄ですから、仕方ないとそれはそれで立ち消えになったそうです。通常、盗まれた品の写真でもあれば「品ぶれ」という盗難のお知らせが警察の防犯課から全国の古美術・骨董商に配布されます。こうした品を見たら警察に届けるべしという書類が全国の古美術・骨董商に回されるのですが、写真がないとそれもダメでしょう。古美術・骨董商に、いわゆる盗難品の回状が回るので、中には処分しようとどこかの古物市場に出したために、アシがついて犯人検挙に至るケースも中にはあるのですが、そのときはそれもできなかったようです。

この事件の教訓は、とても重要なことですが、先の事例のように、高額なものは古美術・骨董商や他人に見せる前に、写真を撮影し、詳細な書類、領収書などをそろえ、さらに品物は買った金額にもよりますが、高額なものであれば厳重な貸金庫やレンタル倉庫が今はいたるところにあるので、短期間でもそうした場所に移したうえで、どなたか男性立ち合いのもとに見せるべきであったと考えられます。

前述の茶人の老婦人の場合もまったく同じケースといえるでしょう。現在、こうしたケースは非常に多くなってきています。

●古美術・骨董品は盗まれる

古美術・骨董品の盗難については、前述しました。これも「日本骨董学院」の会員の方の経験談ですが、地方の実家を不在にしてたら、家の中が荒らされて、やはり盗難にあったそうです。

私もプロとしてのスタートは骨董露天商でしたが、楽しい反面、悔しい思いもしました。

私は大学を卒業してから、ずっとサラリーマンをしてきました。商売ということはまったくはじめての経験でした。

私のときはバブル経済の崩壊が不況のはじまりで、勤めていた会社も景気が傾くと同時に収益も下降してきました。私も家族を抱え、子供たちもこれから高校、大学というところにさしかかり、やはり将来が不安でした。そこで副収入を得る道を模索しました。

世の中には「二足のワラジをはく」という言葉がありますが、当面稼げるまでは仕方ないと思いました。いわゆる「安全パイ」ということになります。コロナウイルス蔓延後のこれからの日本はますます不況が進行していくことが考えられます。二足のワラジを履くどころか三足のワラジを履く時代がくるかもしれません。サラリーマンは弱い立場です。人間は強い者には弱く、弱い者には強いものです。経営者や上役の質が悪いと下の者は大変です。セクハラ、パワハラは日常茶飯事の世の中ですから、甘んじる必要はありません。自分を守る、自己防衛することはなにも悪くありません。資格試験を受けて、スキルアップすることも悪いことではありませんが、私の経験では国家資格はあまり役に立ちません。どのような世界でも、資格を取ったからすぐ稼げると思うほど甘くありません。何年か実習しないとどのような業界でも難しいし、すぐに右から左に代わることはできません。

私の場合も、すぐにそのときの給与以上の収入を得ることは難しく、ここはやはり同じ苦労をするなら好きな道を選ぶべきと考えました。高校生のときからずっと勉強してきた古美術・骨董品をかなり所蔵していましたから、ここで一度整理するつもりで売却することを思いつきました。勉強に使った古美術・骨董品もあれば、つかんでしまった贋作もあります。ここでいったんご破算にして、その資金を元に新たな仕事ができるかもと考えました。まあどうなるかわかりませんが、なんでも実行してみないとわかりませんから、とりあえず骨董露店商にチャレンジしてみようと決心しました。そこでまず必要なのが前述した「古物商許可証」です。

この許可証がないと露店商はできません。

申請は行政書士に依頼するか、ないしは自分で書類に記入して申請する方法がありますが、私は宅地建物取引主任者資格と行政書士資格をもっていましたので、自分で申請するために、必要書類を警察本署に行き、受け取ってきました。

各市、あるいは区を担当している警察署の本署の「生活防犯課」に行かないと書類はもらえません。近くの交番ではだめです。お住まいの地域、例えば私の場合は東京都中野区に住んでいましたので、管轄の野方警察署でした。そこで記入する書類と用意する住民票など、必要書類が書いてある申請の方法に従って書類を整えました。

申請後、早くて40日で普通は許可がおります。この資格は無試験で、善良なる区民、市民であれば許可証がもらえます。この資格の面白いところは許可の範囲が広く、古美術・骨董品ばかりでなく、いわゆる古物（不動産以外）で一度流通した商品の大半が扱えます。車から電気製品、パソコン、商品券、ゲームソフトまで、多種多様な範囲まで取り扱うことができます。不況のときに人気の出る資格ですから、ぜひお取りになることをお勧めいたします。現在取得することは難しくありませんが、将来は試験も課される難しい資格になるかもしれません。私のメールアドレス（最後のページの著者略歴をご覧ください）にご連絡いただければ、確実に取得できる方法をお教えいたします。

そうして取得した古物商許可証をもって、希望する地域の露店の会主を訪ねます。私は懇意にしていた露店の会主さんを知っていましたので、気軽に入会できました。

お住まいの近くの露店骨董市をネットで調べれば簡単にでてきますから、そこを見物がてら訪問してみるのです。会主はその骨董市を主催している古美術・骨董商で、会社でいえば社長です。どなたかに聞いて訪ねます。挨拶して入会したい旨を話します。すると君はなにを売りたいの？　と聞かれます。「陶磁器とか工芸品の古いもの、仏像などです」と答えるわけです。骨董市ですから、新しいものを売りたいと話すときっと断られます。

新しいものだと骨董市には合いません。少しぐらいなら新しいものが混じっても問題はありませんが、一応古美術・骨董品が望ましいわけです。

古物商許可証は住所が変わらなければ半永久的に使えます。自動車運転免許証のように更新がありません。ただ住所が都道府県をまたがって変更になると、失効します。例えば私のように千代田区在住であれば、東京都公安委員会が発行してくれますが、引っ越しをして神奈川県に移ったとします。すると県が変わって、神奈川県公安委員会の発行する許可証になりますから、東京都公安委員会の古物商許可証は失効します。そのため新たに神奈川県の公安委員会の許可証を取得し直す必要があります。これは住むところだけ規制されますが、行商とか露店がどこであれ問題はありません。東京都公安委員会の古物商許可証で京都の東寺の骨董市に出店することも可能です。

こうして私は中野の新井薬師骨董市でスタートを切りました。かつては賑やかで、私も最初はあまり売り上げが上がりませんでしたが、2回目以降は30万円以上売り上げることができました。その後、多いときは70万~80万円にもなりました。これはあくまでも売り上げですから、利益ではありません。しかし仮に毎週とか可能な限り露天に出店できれば、古美術・骨董商の利益率はかなり高いので、相当な売り上げになります。私は4年半欠かさず出店しましたが、出版社の経営を任されていましたので、日曜の夜の会議に出なければならず、それが大変でした。午後４時には家に戻り、荷物を整理して、シャワーを浴びてから背広に着替えて会議にでかけました。しかし大変ではありましたが、成果は大きなものでした。まず独立できる自信がつきました。これは大きな成果でした。なにがあっても生きていける、そうした安心感ができました。商売は楽しく、自分の意外な側面をみた思いがしました。なんでもチャレンジしてみないとわからない、そんな実感をもちました。

しかし、すべてが楽しかったわけではありません。最初から洗礼を受けました。盗み、窃盗です。並べておいた「不動明王」の気に入っていた木彫の仏像です。気に入った仏像ですからみなさんに見ていただきたいと思い、露店の前の方に出していたのです。しばらくしてふと確認すると、置いてあった不動明王像がないのです。唖然としました。はじめて盗まれたことに気づきました。ガックリしました。仏像を盗む者がいるんだ、と落胆しました。

しかし仲間の古美術・骨董商に話すと「当たり前だよ、盗んでくださいというような置き方だよ」と呆れ顔で言われました。そこで次回からはよいものは手前のガラスケースの中に入れるようにしました。多くの先輩露店商の方々からアドバイスを受けて、次回からは万全を期しました。

彼ら盗人は巧妙で、私ごとき素人から盗むのはいとも簡単とばかりに盗まれました。さすがにガラスケースの中からは盗みませんが、今度は帰り支度しているそばに積み上げたコンテナから大切な薩摩焼（輸出向けの細密画の描かれた小壺）を盗まれました。何人かの盗人が狙っていたのでしょうね。油断している片づけどきを狙ってきたのでしょう。それも高価で気に入った作品で10万円はしました。片づけをしている最中ですから、その場では気がつかないのです。気がつくのはずっとあとです。かなり時間が経過してから、ふと「おかしいなぁー」というわけです。いくら探してもありません。またガックリです。コンテナに入れた覚えはあるのに、品物がないのです。私が親しくしていた30年以上先輩の露店商に話すと、「いやそんなものではないよ」と言います。それはすごい盗みのプロがいて、露店を出して5分、しかもよく見張っている中でもよいものが消えるらしいのです。どうやって盗むんだろうと感心していました。違う仲間は、露店ではなく室内の催しもので東京ビッグサイトの業者市に出店して、唐津の「ぐい呑」、売値130万円を盗まれて、憮然としていました。しかし味のある箱は盗まれていません。あまりにも腹が立ったので「唐津のぐい呑を盗んだ方へ。この箱もあげますからおもちください」と翌日以降に書いた紙を貼って出しておいたらしいのですが、もちろんもっていく人はいなかったと笑ってました。

130万円のぐい呑は、唐津でも最高級クラスですから、相当な目利きの盗人です。3日間の利益を上回る金額でしょうから、損害は甚大です。本当にひどい話で、防犯カメラでもしっかり設置しておけば、彼らも注意するでしょうが、いやな時代になりました。

では、そうした盗人は捕まらないのでしょうか。私の聞いた話では、彼らは数人でやってくることが多く、店主がほかの客と対応していて（実はこの客も仲間の可能性あり）、そちらに気が向いているときに、ほかの仲間が目星をつけておいた古美術・骨董品をさっと手の中に入れて、隣りか後ろの仲間に素早く渡すのです。そして、渡された仲間はすぐに立ち去るわけです。仮に店主がその盗んだ瞬間を目にしたとします。「あっ、やられた、ちょっとあなたっ、盗んだもの出しなさい」と言ったとします。そうしたら大変です、その相手は「誰が盗んだって？　えぇっ、では裸になるから出てこなかったらどうする？」とすごまれるわけです。こういう場合、盗まれた品物はすでにほかの仲間に渡っているわけです。それこそ現行犯だと思って裸にして出てこなかった場合は、どうなるのでしょうか？　私には想像もつかないくらい恐ろしい話です。

また本当に盗んだ相手を捕まえたとします。盗まれた品物も出てきました。警察に携帯で連絡してパトカーがきて犯人を引き渡しても、今度は一緒に警察署に行って、事情聴取されます。盗んだときの様子、いくらくらいの品物が盗まれたのか、相手も聴取されていろいろ詳しく聞かれますから、往復と合わせると何時間もかかります。露店にとって時間のロスも大きな損害です。その間、露店は誰もいなくなるわけですし、さらに盗まれても困ります。

そこでそうした場合はどうするのでしょうか。

私は捕まえた経験はありませんが、聞くところでは、代金を払わせて、顔をよく覚えておいて、会主に差し出して任せるのがもっともよい方法とされます。ないしは家族とかアルバイトを一人雇って、助手として見張らせるのもよいでしょう。もう一人いればだいぶ違いますし、警察に行っても、そのもう一人が商売を助けてくれますから、一人のときとはまったく違います。

●中国陶磁器贋作事件

私が「日本骨董学院」をはじめて3年が経過した頃でした。電話があって、相談したいことがあるという方がいて、学院の事務所でお会いいたしました。

歳の頃、当時60歳は超えておられていたと思います。中国人の古美術・骨董商から買った中国陶磁器が30点ほどあるので見ていただけないかということでしたので、伺うことになりました。

早稲田の近くにビルをおもちで、そこに私設の美術館を創りたいという夢をおもちの方ということが話の中でわかりました。そこに伺って拝見しましたが、残念なことに、すべて贋作でした。

詳しくお伺いすると、ある露天の骨董市で声をかけられて、「実は中国の知り合いのコレクターが金に困って陶磁器の名品を買ってくれる人を探している、買ってくれるなら安くするといっている」ということでした。ちょうどその初老の方も美術館を創ってみたいと考えていただけに、幸運ともいうべき話でした。中国人の彼は一冊の美術書を携えていて、その美術書には「中国陶磁器名品集」と書いてあり、中国陶磁器が大きくカラー写真で掲載されていて、これですと指さした先には素晴らしい北宋時代の影青陰刻彫水注の写真が掲載されており、びっくりされたそうです。手付けを少しでも入れてくれれば、中国からもってくるという話だったそうです。まじめそうで礼儀もわきまえているし、すっかり信用して少しの手付けを渡したら、２週間ほどして家に持参してきたそうです。美術書に掲載されている作品とまったく同じ、特徴も同じで、詳しく確認したら彫の微妙な部分も同じです。掲載品であると確信できたので安心して残金７５０万円を渡したそうです。美術館を創りたいという話を最初にしたようで、その中国人はその話を所有者に話したら、まとめて買ってくれるなら、コレクションも散逸しないしありがたい、だから安く譲りたいといっていたということらしいのです。やはりほかの美術書に掲載されている中国陶磁器を10点ばかり購入されたそうです。そのあともいろいろな話があり総数30点あまり、総額1億3500万円ほど支払ったそうです。そうしたら急にその中国人はこなくなり、そこで不安になって私のところに電話をしてくれたらしいのです。

拝見してすべて贋作とはっきりわかるものでした。すべて贋作、倣製品（コピー）ですと伝えたら、青くなってガックリしておられました。気の毒でしたが、私も仕事ですし本当のことを伝える義務があります。その数冊の美術書はいただけなかったそうですが、香港あたりで安くつくることができますから、そうしたものであったのでしょう。贋作を売るために印刷、製本したものです。日本人は書物、特に美術書の権威に弱いので、贋作の写真を撮影して立派な美術書にして、それをみせれば信用するということを考えた上での、巧妙な贋作事件だったのでした。当時、1億3500万円あれば、中国でしたら何世代かは豊かに生活できる大金であったでしょう。

やはり数百万円を超える売買には、少しお金はかかっても専門家を立ち合わせるとか、名店といわれる店の人たちを介するとか、少なくとも写真を詳しい方に見てもらうとかされた方がよいという反省を残した事件でした。

●私を裏切った講師たち

私は1994年に「日本骨董学院」を立ち上げて以来、この学校の運営に専念してきました。日本ではじめての古美術・骨董品を教える学校を青山外苑前に設立して、古美術・骨董店も同時に1階で運営しました。はじめた頃の私には理想もありました。日本の古美術・骨董品から西洋アンティークまでさまざまなジャンルを網羅した鑑定のノウハウを教えるという理想のカリキュラムを編成したいというものでした。自分一人の力ですべての領域の古美術・骨董品を解説し、それから実物をお見せし講義をするということを目指しました。

しかし、すべてをそろえることは資金的にも到底無理なので、知り合いの博物館の先生や研究者とされる人たち、友人の古美術・骨董商などを講師として招き、開講しました。最初は大金を出し、朝日新聞に大きめの広告を掲載して、東京国立博物館の懇意の先生に古美術・骨董品に関する講演会をしていただきました。当時の朝日新聞はさすがで、一回の広告で600人が集まりました。最初に私が学院設立の趣旨と講座内容の印刷されたパンフレットを配布して、その説明と勧誘の話をしてから、先生にお話を願いました。同時に東京駅で1日約20000枚のチラシを私一人で2週間、合計2万4000枚を必死で配りました。近所のマンションや戸別住宅にパンフレットのポスティングも一人でやりました。会員集めに必死でした。そうした甲斐もあって、60人の方が入会してくださいました。うれしかったし、ありがたかったものです。

その後、いくつかの困難を乗り越えながら会員数も200名を超えましたが、バブルがはじけ歴史的な不況に突入してしまい、固定費の関係から教室を代々木に移しました。さらに私の父が遺してくれたマンションが東京の中野駅から徒歩約7分の所にありましたから、学費を上げることなくそちらに教室を移しました。こうした中、不況はますます進行しましたが、学院の存続をかけて、経費削減の努力をしてきました。私は大学卒業後、出版社に入社して、その後何社か勤め上げて、雇われでしたが社長を2社ほど経験しました。しかし雇われ社長はオーナーとの関係がなかなか難しく、意を決して独立したのです。家族もおりましたのでここで絶対に失敗することはできません。いわば崖っぷち、背水の陣に立たされて、踏ん張りました。

講師の裏切りはこうしたときに起きました。

会員への贋作の古美術・骨董品売り、会員の引き抜き、これは現在の大手のカルチャー教室の衰退にもつながる大きな問題のようですが、会員の引き抜きはきつかったです。せっかく経費をかけ、前述したように手間暇かけて努力して集めた会員を講師が自分の方へ引き抜いていくわけですから、これは宣伝経費がかからず効率よく集められるわけです。私にわからないようにうまく裏で誘ったようで、一定の会員数になると、急に伸びなくなるのです。当時、グラビア写真の多い雑誌『太陽』などは古美術・骨董品の特集などをたびたび行い、よく売れていたので広告を出しても費用の割には宣伝効果が高く、会員募集がうまくいっていました。ただ、その一方で既存の会員が抜けていくのです。これは私に油断があったためで仕方ありませんが、信頼していた講師が、私の集めた会員を自分の家での講座に引き抜くわけですから、知ったときはがっかりしました。

伊万里磁器の最高峰とされる「鍋島」の割れた作品を巧妙に直して、無傷と称して高額で会員に売りつける講師もいました。それもほかの古美術・骨董商と結託してその古美術・骨董商の店に会員を連れていって、そこで自分の委託した作品をその店の商品として売るのですから、二重に悪質巧妙です。その被害を受けた会員が、その作品をもって私のところに訴えてきたので、実情、内情がわかったのです。

修復には、まったくわからないように修復する「共直《ともなお》し」、金や銀で修復箇所がわかるように修復する「金継《きんつぎ》直し」があります。問題の鍋島小皿はそれは見事な、プロに依頼して直させた共直しでした。その作品を１３０万円で古美術・骨董商を通じて会員に売りつけたのです。初心者で、きちんとした知識を得たいと学びにきている会員に、こうしたものを売るのは赤子の手をひねるがごとく簡単でしょう。良心のかけらすらない悪質さです。買われた方は、よいものを有名な先生に世話していただいたと喜ぶわけですが、しかしそうした作品でも、毎日見ているとなんとなくおかしいことに気がつくのです。ある程度確証が得られたらしく、それで私に相談にきたのです。

それと同じことが仏教美術を教える講師にもありました。知り合いの方から推薦された、いろいろな専門誌に鑑定などの連載を書いている講師にお願いしたのでしたが、しばらくするとお金のありそうな数名の会員を自宅に呼んで、個別に贋作を売りつけたことが明らかになりました。それは贋作の素材（プラスチック）でできた、中国古代の土付きの薄手の黒陶の高坏で、数千円ほどのものを50万円で売りつけたようです。

こうした話はこの世界では山ほどあります。講師の家に行けば、彼が集めたよい古美術・骨董品があるだろうと誰でも考えます。よいものを安くして買うことができれば得だと誰もが欲を出して考えます。ところが似非《えせ》講師は贋作を用意して欲張りの獲物を待っていたのです。ただ古美術・骨董商もはっきり鑑定できない、わからない作品もあり、これは無理からぬものかもと思わせるできのよい贋作も中にはあります。

しかしその似非講師が入学後間もないプロではない素人で、これから学びたいと考えている会員相手に贋作を売ってはいけないことなど良心でわかりそうだと思うのですが、なんともやるせない気分になりました。人を踏みにじる、疑うようなことが多いものです。小泉純一郎元首相が「人生にはまさかという坂がいくつかある」といわれましたが、裏切りが多いのは政治の世界だけかと思ったら、本当に駆け出しの学院経営者である私にも、この「まさか」の連続でした。脇が甘いとしかいいようのない状態だったのでしょう。しかし、このような裏切り事件は私自身をより強くしました。これではいけないと思い、すべて自分で勉強しよう、この事態を打破するには人を頼ってはいけないのだと考えました。大変ですがそれしか道はありませんでした。その「まさか」は以前にもありました。

私は前にも書きましたように、２社の出版社で雇われ社長をしましたが、２社目の社長をしていたときに、東大出のオーナーから、「新規事業を考えているがよい案はなにかないか」といわれたので、かねて露店修行をして自分なりに準備をしていた「日本骨董学院」の案をレポートにして出したのです。するとこれは面白いということになり、役員会でも承認され、やってみてくださいということになったのです。これを立ち上げたときの苦労は先にも書きましたが、責任者でもあり必死でやりました。その結果、まず60名の会員が集まったのです。

普通なら「よくやった、頑張って少しずつでも集めていけば大きな組織になるから」と、励ましてくれると思いますが、これでは利益もたいしたことはないと切り捨てようとするのです。そのようなことなら私は自分でこの「日本骨董学院」を経営しますから辞めさせてくださいと、集めた会員を退職金代わりに引き継いでその出版社を退社しました。実はそのオーナーは、私にやらせるのではなく、私に責任をとらせて辞めさせ、その企画を横取りして自分で「日本骨董学院」の経営をやりたかったようなのです。私と同年代の店頭公開会社のオーナーでしたが私が最初の企画書に書いたように、自分たち団塊の世代が次第に年をとって老後の過ごし方を考えたときに、古美術・骨董品は最適だと考えたようで、私にやらせないで自分でやって事業を大きくし、株式店頭公開を目指そうと考えたようでした。誤算は私が辞めて、私が「日本骨董学院」を引き継ぐと言ったことのようでした。

彼はさかんに「骨董学院はぼくはやらないから安心して……」と何回もいっていたので、おかしなことをいうなと思っていましたら、実は私に隠れて自分は表に出ずに開講する手はずを整えていたのです。某有名鑑定番組に出ていた私の知人の鑑定士に、校長になってほしいと、その知人と私の関係を知らずに話を持ち込んだらしいのですが、「それだったら細矢さんがやっているから、彼と一緒にやったら」とすげなく断られたようで、その知人の鑑定士から翌日に電話があり、あなたの元の会社のオーナーが「骨董学院をやりたいから僕に校長になってくれといってきたよ」、と笑いながら教えてくれたのでこの裏切り、嘘もすぐに発覚しました。

その後、このオーナーは、ある西洋アンティーク店の女性オーナーに株式店頭公開と成功したときの膨大な利益の甘い話をちらつかせて校長をやらせて、西洋アンティークの学校をはじめたらしいのです。ビルを借りて（のちに自分の所有するビルに移したようですが）、膨大な宣伝費と人件費をかけました。しかし、高額な家賃と人件費を出して採算が合うはずがありません。そんな生やさしい世界ではありません。私はこうしたオーナーの裏切りにも泰然自若として、そのまま学院経営に専念しました。嘘をついて、人を騙してまでコソコソやることが信じられませんでしたし、素人が経営方針を決めてうまくいくとは到底思えませんでした。もともとケチな性格の人でしたから、やはり経費がかかる割には儲からないということになり、ついにギブアップしたようです。

考えてみれば、最初から儲かる仕事などあるわけもありません。まったく東大卒とは思えないお粗末なオーナー経営者でした。最初の株式店頭公開も学習塾の成功のおかげであり、中学受験塾はたまたま戦後の第二次ベビーブームのバブル景気の時勢にのっただけのものでした。その後、塾の株を自分だけ売り抜けるような、自己中心的で経営というものを知らない方の哀しく残念なできごとでした。自分の利益のためには人を裏切り、嘘もつく。そんな生き方をしてその人の人生とはいったいなんなのでしょうか。

かつて私自身が経験したことですが、逆に頼られてひどい目に遭った事件もありました。プロを目指しているある男性がいらして、ぜひ自分もオークションなどで売って儲けたいので、作品を分けてくれないかと頼まれたのです。そこで何点か売ったのですが、その後、銀座か日本橋のある古美術・骨董商にその品を見せたらしく、その古美術・骨董商がすべて贋作だといったらしいのです。調べると、その業者は場所柄、日本でももっとも高額な古美術・骨董品を売っていた有名な業者ですが、最近の不況のためか、何百万円という高額な古美術・骨董品はまったく売れなくなっていたようなのです。その業者は、「日本骨董学院」から買うのではなく、なぜ知人であり、日本橋の業者である自分から買わないのかとその方にいいたかったのでしょうか、私の売ったものをすべてけなしたのです。

最近ではこうした、同業であることも無視して足を引っ張ることなど、なんとも思っていない古美術・骨董商も出はじめたようです。そのくらい不況も深刻になってきて、なりふり構わずといったところなのでしょうか。その男性会員はチェーン店のリサイクルショップに加盟して、毎月高額な会費を納めて四苦八苦しているようです。そのチェーン店のリサイクルショップの本部は加盟店各店から訴えられているそうですが、ノウハウもなく、ただ契約によって加盟料だけ毎月何十万円も取り上げるような組織になぜ入会したのかといえば、人を頼ったからです。人を頼ってうまみを吸おうとしたからです。欲です。そこに大きな問題があり、そうした方はいつも努力なく同じ失敗を繰り返します。先のMさんのように、仮に失敗しても人のせいにすることなくプロの失敗は一度だけと、踏ん張って二度と失敗はしないと自分にいい聞かせ努力することがいかに大切なことかを示すよい事例です。人を頼る方は失敗すると人をののしったり悪くいったりします。人のせいにします。これが人間を根本から堕落させます。

そうではなく、自分で反省して、もっと謙虚に自分の責任を痛感し、自分の力で儲けようと考え方を新たにして再度出直せばよいのです。今度は自分で会社を興すべきです。店を興すべきです。一から自分で勉強する、失敗したらやり直す勇気がもっとも大切です。私が講師で失敗を経験したように、人を頼ることは一番いけません。利害が絡むといろいろな人たちが暗躍します。裁判や人に訴えても、騒いでも自分がみじめになるばかりでしょう。

自分自身の鑑識眼がないと、学ぶのは面倒なので人を頼るようになり、挙句は裏切られた、だまされたと思い疑心暗鬼となり、疑心暗鬼がさらに疑心暗鬼をよび、なにがなんだかわからなくかり、またさらに人を疑うようになります。釈迦が「欲望は人の心を滅ぼす」といわれたことは、まさにこのことなのでしょう。私も多くの講師たちに裏切られてきましたが、一人の講師だけ私を裏切ることはありませんでした。救われました。露天商を長くやり、ご自分は洋画家として活躍された小林壽永《じゅえい》さんでした。

小林さんはどのような会員の誘いにも乗らず、私を立ててくれました。私も恩義を感じ終生お付き合いいたしました。会員の中にもわがままな人がいて、講師に取り入って、特別な知識や、安く古美術品や骨董品を手に入れたいという欲張りな方もおられるので、講師はほとんどそうした会員たちの誘惑にのり、またはそれを利用して会員と私を裏切っていきました。こうした人たちは罪悪感というものを感じないのでしょうか。中には私が苦労して集めた会員を、私に内緒で自分の自宅に集め「特別講座」と称して受講料をとる講師もいました。駆け出しで信用していた私も愚かだったのでしょうが、そうした仕打ちに対して当時の私はまったく無防備でした。しかしそうしたことを自分がした場合、相手はいかに不愉快な思いをするかと考えると、決してそのような信頼を裏切ることはできません。目の前の利害につられれば、相当な方々でも平気で裏切ります。本当に驚きました。きっとそうした講師たちもどこかで裏切られた経験があったのでしょうか。

私はそうした講師の代わりに自ら講座で話せるようになるために、小林さん一人を除いて思い切ってすべての講師を解雇しました。そうした意味で小林さんはただ一人尊敬に値する方でした。このことは大変よい勉強になりました。その後、私は人に頼っていたジャンルを猛烈に勉強しましたし、できる範囲で作品を購入して一つずつ克服していきました。

伊万里、仏教美術、朝鮮美術、中国美術、ベトナム（安南《あんなん》美術）、タイ美術、ペルシャ美術、ガンダーラ美術、アッシリア美術、ギリシャ美術、エジプト美術、西洋アンティーク（銀器・ジュエリー・家具）、マヤ、インド古代、メソポタミア美術などなどに至るまで、すべて自力で学び、会員のみなさんにお話しできるレベルになれたと思います。これは大変でしたが、予想以上の成果を私にもたらしてくれました。学生のときに世界史で学んだシルクロードの東西交流史のように、世界の古美術・骨董品の流れを理解すると、日本と日本文化が改めて新しい角度からみえてきました。これは思わぬ成果をもたらし、自分のその後の方向性を変えるようなできごとだったのです。頑張れば天は決して見放さないものだと思いました。

●本物は少なく、多くの贋作が渦巻く世界

私の経験した、古美術・骨董品ブームに話を戻します。数々のブームは業界の活性化にはもってこいの経済現象でした。みながどんどん買いあげるわけですから、値上がります。ブームが起これば儲かる……、株と同じです。儲からないブームはありません。どんどん儲かれば、新たな投資家も集まってくるのです。そして買いが買いを呼び、刀剣ブームのときのように、品物が何倍も値上がりします。自分の好きなジャンルではない世界にまで買いに入る人たちが続出します。

しかし古美術・骨董品も無尽蔵に作品があるわけではありません。すでに全国の国立博物館はじめ各美術館に多く収蔵されていますし、個人コレクターも世間にはたくさんおられます。ですから流通する作品の数にもおのずと限界があり、よいものはなかなか市場に供給されません。そこで作品が少なく、需要が高まってくると、いよいよ贋作の登場ということになります。株の世界には贋作はありません。あるとすれば、それは粉飾決済ですが、上場株式市場では難しいことです。贋作は古美術・骨董業界に付随する特有の世界といえます。

ここで贋作がつくられる条件について考えてみましょう。

①業界がブームになりつつあり、作品が高額で取引されていること
②さほど技術的に困難ではなく製作しやすいこと
③製作単価が低いこと
④多くの人たちに愛され好まれるレベルの作品であること
⑤少し専門的鑑定知識が必要なこと

ざっと五つの条件があがりました。これらについて解説してみます。

①業界がブームになりつつあり、作品が高額で取引されていること

これはブームになれば必ず価格の高騰という現象となって表れてきます。株もブーム、すなわち仕手戦になるとやっている本人たちだけでなく、金銭欲に取り憑かれた他人も巻き込んだ戦いになります。最終的には資金量の多い方が勝つのですが、それは一度に売却できる「東京・大阪の証券取引所」という巨大な全国レベルでの市場があることが大きいためです。古美術・骨董品の場合は一挙に売ろうとしても各業者市の規模も小さく、うまく売り抜けることはなかなか難しいですから、いろいろな業者市や骨董市である程度多めに一斉に売り抜けることになる点が違います。

②さほど技術的に困難ではなく製作できること

これは贋作に手間暇かけていては儲からないので、簡単に、しかもうまい絵ではなく素人レベルの絵でも通用するような贋作が理想的な条件ですから、李朝の絵画、陶磁器、工芸品など、いわゆるヘタウマの絵、あるいは初期伊万里のような一見稚拙な絵の贋作を考えていただければよいのではないでしょうか。線の描きかたが難しい琳派《りんぱ》とか狩野《かのう》派など、難しいルールと伝統的な絵画様式の技術をもつ、難しく、手間暇のかかる作品では割に合わないと判断されるのです。

③制作単価が低いこと

これも高額な経費がかかるような贋作は敬遠されやすいでしょう。安価で、安易に、短期間で製作できて、利益が大きいことが贋作の基本的条件です。

④多くの人たちに愛され好まれるレベルの作品であること

ブームは多くの人たちの参加によってどんどん規模が拡張していきます。それには多くの人たちに愛される作品がある程度大量に市中にないと受け入れられないのです。例えば初期伊万里の贋作が売れるとしたら、背景に伊万里の磁器が好かれるという状況があることが好ましいわけです。

⑤少し専門的鑑定知識が必要なこと

これはブームに熱中させるためには必要なことです。対象が簡単な内容の作品であると、マニアはつまらないと感じ、ブームから離れてしまいます。ですからある程度の高度な知識をもたないと鑑定は難しいものだと感じさせるほうが、贋作に誘い込みやすいポイントにもなります。

例えば仏像を購入したい場合、それが本物か贋作かを判断するのは各個人の責任となります。基本的に重要文化財というのは歴史的意味の深い作品に認定される場合が多いです。前述したMさんが購入された「辻が花」のように、徳川家康が着ていたということが証明されたような場合は重要文化財に認定されます。豊臣秀吉や千利休が所持していたことが明らかに証明できる場合も重要文化財に推薦されるケースは多いのです。

このようにさまざまな制約があって作品の価値と希少性を保っているわけですが、それ以下となりますと、あまりないのが実情です。認定書、鑑定書にはそれ相応に段階的発行料金がかかりますが、その金額の多寡も受けるか受けないかの大きな判断基準になるからでしょう。

正真の認定精度が少ない骨董市場ですから、大半が各自の所有者の判断に任されているのが実情でしょう。それゆえに多くの古美術・骨董品が野放し状態にあるのです。ですからわかる人には面白いし、いつ何時、名品が出てくる可能性があるかわからないので、みなさん朝早くから地元の骨董市に駆けつけるのです。当然、そこにはブームのあとの後遺症、すなわち贋作が流通している現場に足を踏み入れるわけです。「虎穴に入らずんば、虎児を得ず」のたとえどおりの世界です。

3 古美術・骨董品の定義

まず古美術・骨董品でもなんでも一般的に商品は、買ったそのときに価値は二分の一から三分の一に下がると考えてください。よく考えていただければすぐにわかりますが、一般的にものには原価があります。原価はものによって違うでしょうが、約三分の一です。そこに加工賃、技術料、いわゆる製作費が上乗せになります。さらに流通経路による手数料、運賃などが加算され、それが30パーセントくらいでしょうか。さらに小売りの手数料、すなわち末端の販売手数料です。これが30パーセントほど。細かい誤差などもあり、これは通常の品物の価格の内訳です。手数料はいわば利益で、運賃とは違うものです。こうして価格を考えますと理解が早くなります。そうした流通経費、販売手数料、末端手数料で人々は生活し、経済活動を行っているのです。

ところが古美術・骨董品はすでに1000年、2000年、縄文時代の土器であれば、物々交換などがその経済の実態であったと思われますから、あとは希少性です。珍しい縄文土器にみられる美しさ、魅力などが価値の多くを占めているのが実態でしょう。ケースバイケースでしょうが、ここをしっかり理解すると、古美術・骨董品の経済というか、価格形成とか値段のつけ方、すなわち価格内訳、実態が理解できます。

古美術・骨董品の商売をはじめられる方々、いわゆるプロのタマゴが、一番慣れていないのが値づけです。もともと原価もないような付加価値的「美」がついているわけですし、それにどう値段をつければよいものかわかりにくいのです。美に価値をつけるのが古美術・骨董商であり、美術商、画商なのです。

ここで、古美術品と骨董品、古民具の定義をきちんとしておきましょう。まずは「古」という言葉の概念を知る必要があります。どのくらい古いものを古というのでしょうか。なんでも定義したがるのがイギリス人といわれます。そのイギリス人によりますと、古は百年以上経過したものにつけるそうです。日本はあまりイギリスのように厳密ではないようで、特に決まりはありません。例えば桃山時代に成立した唐津焼の場合は江戸期からそれ以前の作品を「古唐津」といい、明治以降の作品を単に「唐津」といいます。備前や信楽などのように成立が鎌倉時代にいくような古い壺などはどうでしょうか。一般には桃山期とそれ以前の作品に古をつけています。「古備前」「古信楽」などのようにです。江戸期に入ってからの作品には単に「備前」「信楽」といいます。歴史が新しい伊万里なども同様です。伊万里の名前の由来は、江戸期に国内および海外に輸出した港の「伊万里港」からつけられた名称で、江戸期の作品を漠然と「古伊万里」と呼ぶこともあります。明治以降の作品は有田駅から鉄道で全国に運ばれたので「有田磁器」になります。ですから厳密にはくわしく決まっていないのです。古く成立したものは江戸以前、桃山時代末期以前からのものに古をつけるような習慣もあるのです。

4 怖い売値と買取値段の差

どのような商売でも利益が出ないと仕事になりません。利益があまりにも少なくてはやる気にかかわります。通常の商売ですと、原価3割、流通3割、販売利益3割の三等分が一般的とされます。最近の一般的な販売ケースをみていますと、品物の値段が下がる傾向が強く、いわゆるデフレ傾向にあると思います。100円ショップに行きますと、なんでも100円で、中には200円のものもありますが、昔に比べると嘘のように安いものが、それもかなりよい品質のものが売られています。こうした100円ショップなどがたくさんできると、デパートや地元の商店の商売がきつくなって閉店に追い込まれるケースも少なくありません。

すなわち、かつての商売ができなくなりつつあるのです。それは国民の購買意欲が落ちてきた証拠ですが、国民の立場から考えますと、生活に必要な品物は充分棚にしまってあります。美味しいものもたくさん食べて「飽食」などという言葉も流行します。このことは普通の衣料、食料では人々の心を満足させなくなってきたということです。世の中が大きく変化しています。安くて良質、美味、使い勝手がよいものに嗜好が変わってきたのだと思われます。お金もそこそこもっていますが、無駄なものを買わなくなってきました。余命いくばくもない人生を考えて、無駄をなくす「断捨離《だんしゃり》」という言葉が流行っています。身の回りの使わないものは廃棄して、場所を有意義に使うようになってきました。私も高齢者の仲間入りをしていますが、ご多分に漏れず多くの不用品、愛着品に囲まれて、捨てられずに困っています。このようにものがあり余っていますそうしたことから世の購買意欲がわかないのです。

我々が若い頃は、よい車に乗り、観光地にドライブに行くという欲求がありました。また世界のいろいろな国々を旅行したいという欲求にかられた記憶もあります。しかし今の若い方々は車はいらない、電車、バス、タクシーをうまく使えば、車の維持費よりずっと安くあがる、諸経費がかからないと考えます。駐車場も都心で小さな部屋を借りるのと同じ経費が必要になる世の中です。長い不況を経験した彼ら若い人たちは、節約というより無駄な人生を歩まないという傾向が強くなったように思います。

そうした現象を結果的にみれば緊縮財政が若い人たちに徹底されてきているように見受けられます。安くつくる、安く買う、そうした風潮は世の中を変えてきたのです。日銀のめざすインフレは起きないのです。

製造業は無駄な流通経費を切り捨てます。消費者が直接生産者と取引する方が安いということがわかりました。インターネット取引が一つの流通世界を形成するようになると、店を便利な場所に出すということに固執する必要もなくなります。極端な話、それまで東京の銀座に店を構えて売っていた人たちは、銀座でなくてもどこでも商売ができるようになったのです。例えば北海道の原野でも、パソコン1台で商売ができるようになりました。電気も自家発電できる世の中です。２０１６年、モンゴルに旅したときに、パオ（モンゴルの移動式簡易テント風住居）に住むモンゴル人たちが自家発電しながら、パラボラアンテナを立てて、衛星放送を介してインターネットを使い、テレビ、すべての電気製品をもっていたのです。

このようにお金をかけなくても質のよい生活ができるようになってきました。それが現在の世界の価値を変えつつあるのです。流通経費を大幅にカットすれば安く品物を供給できるようになります。さらに原材料もインターネットによって安く探し出せます。価格はますます安くなります。そうでないとこの世界を生き抜けなくなってきたのです。それだけに古い体質の会社や経営陣の古い考え方は衰退の原因になります。

そうした環境の変化は古美術・骨董品の世界にも影響を与えてきています。昔の人たちの資産形成の方法は①不動産、②現金、③古美術・骨董品といわれました。それほど古美術・

骨董品に重きが置かれた時代がありました。北陸地方にその傾向が残っています。古美術・骨董品、特に書画は昔から価値がありましたが、庶民的なレベルに古美術・骨董品が流通するようになったのは、伝統的な富山の薬売りが大きな役割を果たしたといわれています。

富山の薬売りは大きなネットワークを形成しており、日本全国津々浦々の家々に日常的に必要と思われる風邪薬や腹痛の薬、頭痛などの痛み止めを入れた薬箱を置かせてもらっています。そして、半年に一回くらい全国を回って、使った分の代金を回収するという今考えても画期的な方法で財を蓄えた人たちでした。その薬売りの人たちが次に考えたのが、古美術・骨董品でした。どうせ全国を回るのだから、個人の家に面白い古美術・骨董品や素晴らしい焼きものなどがないかを探させて、安く買い出し都会で売れば大きく利益がでます。そして、それを集めて東京の青山に店を出して売ったのが、青山の骨董街のはじまりであるといわれています。

すなわち薬の行商がてら古美術・骨董品を安く仕入れて、それなりに売れれば、かなり儲かるわけです。古美術・骨董品の値段などみな知りません。その作品を見つけた薬売りや、欲しいと思った人たちがお互いに値段を決めて売買したのでしょう。安く買い付ければ、必ず儲かります。特に古美術・骨董品には原価計算はないともいえるのです。何百年前につくられたりした古美術・骨董品の原価はすでに償却されていますから、金とか銀の希少価値の金属は別として、好きな人たちが集まって、製作技術、見事な職人芸、素晴らしい芸術性などを考慮して価格が決められていったことでしょう。そのうち次第に眼も肥えてきて、作者についての知識や情報が入り、作品の芸術性、希少性に気がつき、価格も上がり、相場というものが形成されていったと考えられます。そしてそれらに、安い仕入れ価格と実質販売経費、さらに美術的価値が付加されます。美術的付加価値、それはやりかたによってはきわめて効率がよいことに薬売りたちは気がつき、専門の古美術・骨董商が生まれてきました。やがて、彼らが青山骨董街を形成していったようです。民家に眠る古美術・骨董品はきっと安かったことでしょう。仕入れが安ければ安いほど利益は上がります。そうした風潮は今に残ります。

一般の方々に知っておいていただきたいことがあります。繰り返しますが古美術・骨董品や美術品を購入したときは、通常の場合、その本当の価値は、買った瞬間に買値の三分の一に下がると思ってください。内訳は三分の一は買いつけや作品を仕入れるまでの手数料、三分の一は利益です。ですから単純に考えて三倍にその作品が値上がらないと、トントンにはならないのです。

購入した方が利益を出すということがなかなか難しいのはこうした理由によります。そうした事情を知らないと、昔、10万円で買った古美術・骨董品を近所の古美術・骨董店にもっていって売却しようとしたら、1万5000円なら買い取りますといわれてびっくりしたというような話もよく聞きます。

ブームの最中に買ったりした古美術・骨董品にはその可能性がより高くなります。古布・古裂ブームでのことでしたが、10万円で買った古布がブームが終わったら５００円になったという話がありました。知り合いの古美術・骨董商は不良在庫を抱え、途方に暮れていました。ブームでそれまでより３倍、４倍になっていた古美術・骨董品を、売れるからという理由で買い続けると、ブームが終わり価値が下がって、投げ売り状態の値段にしかならないということです。プロでも遭遇するそうした落差がブームの怖さです。またブームではなくても、買い取りのときに、驚くほどの安値になると感じるのは、以上述べてきた理由によります。

経済という仕組みから考えれば当たり前といえば当たり前のことなのですが、初心者の方にはわかりにくく、納得のいかないことと受け取られます。

それでは古美術・骨董品以外の普通の商品などはどうでしょうか。普通の商品はほとんど価値がなくなると考えてください。ゼロといってよいほどです。逆に処分しようとしたら、なにがしかの廃棄料がかかったということはよく聞きます。お金を払ってもらえるどころか、逆にとられてしまいます。少額ででも買い取ってくれたなら大変な幸運といえます。

そんな具合ですから、古美術・骨董品といえども買い取りとか査定にかけるとなんでこんなに安くなるのかと驚くことでしょう。恐怖の買値です。価格の設定の段階で古美術・骨董品にはそのような値段がつけられているのです。

いうまでもなく、こうした状況にならないためには、仕入は安くなければなりません。これは基本中の基本です。私が刀剣ブームの折に、武田さんから教えていただいた、ブームに乗って買わないことは鉄則なのです。

5　骨董は欲が出るから失敗する。怖いのは「自分」だ

競馬で家を2軒分すった人の話を前述しましたが、安易な賭け事で儲けると、世の中を甘くみてしまいがちになります。そして欲を出してカッとなって気がついたときは手遅れ、ということは多いものです。私は刀剣の先生でもあった武田さんから一振りの刀で儲けさせてもらったときに、そう思いました。あのとき儲けさせてもらったお金で刀を買い続けていたら、すぐにきた暴落で大きく損をしていたでしょう。その落差の大きさを身近に体験できたことが、その後の人生でも大きく役に立ったと思います。

「欲」は人間の生活の中で、よい意味で必要だと思います。私は素晴らしい古美術・骨董品に巡り会うと欲しくなります。どんな古美術・骨董商でも同じだと思いますが、手持ちのお金では買えないときは、仕事で頑張って稼いで買おうと心から思います。ですから仕事を頑張るという前向きな思考となります。そうしないときりがなくなりますし、仮に金があると慎重さに欠ける買いものをしてしまいそうに思えるのです。金がないと、買いたいと思った

古美術・骨董品について冷静に勉強する時間ができるわけですし、一石二鳥です。

古美術・骨董品を買うとき、古美術・骨董商はよいものは早く買わないと売れてしまうよ、などと焦らせるのは不動産業界と似ているところがあります。しかし焦ってはいけません。実際はなかなか思ったようには売れることはありません。ときには買い逃して残念に思うときもありますが、そのときはあきらめて次の機会を気長に待つ方がよいでしょう。冷静に、あの作品はどうしても自分に必要なものであったかということを考えることも重要です。

このように失敗はすべて欲が原因ということになります。では欲を排除すればどうなるでしょうか。それは骨董買いにとって理想的な買い方に近くなります。欲がなくなれば、自分の好きなもの、素直に自分の心に訴えてくるものを買うことになります。売り手が「これは将来値上がりが期待できます」とか「この作家は有望です」とかの欲の雑音は耳に入らず、自分が感動する作品、素直にもちたいと思う作品に巡り会えます。

かつて私も露店に出店していたときに経験しましたが、自分が惚れて買った作品に人はすぐに食指を動かし、どうしても欲しいといいます。私が露店で修業していたとき、これはよい作品だと喜んで買ってきてちょっと見えないところに置いたのですが、客は目ざとくみつけて「それいくらだ?」というのです。やはり自分がよい作品だと認めたものをみなさんも欲しがるということは、自分が気に入ったものを素直に仕入れれば売れるということになります。反して儲かりそうだと買った皿とか茶碗にお客さんは目もくれません。自分がもっていたい、感動した作品を人も欲しいと思うようです。それはそうです。自分がいらないものは、人も欲しくないのです。露店、バザールという方法は世界で一番古く、商売の原点といわれています。人類の商売の原点は意外と当たり前な、単純な原理でできているのだと悟ったことがありました。

6　最近流行りの、怖いインターネット取引の実態

インターネットでの古美術・骨董品の取引がさかんになっています。

しかし、そもそも実物を見ても間違えたり、判断に迷うようなことがある古美術・骨董品をパソコンのディスプレイ上の映像で判断できるのでしょうか。少し高額なものになったら、インターネットで買うのはもっとも難しいといえるでしょう。多くの思わぬ落とし穴が待ち構えているからなのです。ここではいよいよ一番難しく、しかもそれだけに「面白い」インターネット取引についてお話しましょう。

●知らない業者の「解説」を鵜呑みにしてはいけない

インターネット業者の解説、品物についての説明書きですが、これもよく読んでいくと一つの法則性があることに気がつきます。「某大学教授の旧蔵品」というふれ込みもその一つ

で、大学教授だからよいものを所蔵している、と思わせる手口です。これは初歩的な手口です。祖父のコレクションをお分けしていますというのも同じです。みる眼のない祖父かもしれません。大学教授といっても美術専攻とは限りません。こういうふれ込みには注意すべきで、まずあやしいと思うべきです。祖父のメモにこうありました、と解説を滔々と述べてあることも、疑ってみる必要があります。贋作といわれたときの責任転嫁です。その販売をしている業者の「評価」の欄をよくみて、「非常に悪い」という評価が多くないか注意して読んでみましょう。「良い」という評価が５００とか６００あって、「非常に悪い」という評価が０という古美術・骨董商は当然よい、良心的な古美術・骨董商である可能性が大きいといえます。そうした良心的古美術・骨董商の解説とか品物のレベル、質をみると、悪い業者の品とは歴然たる違いがあります。

　またオークションサイトを観察していて一番不愉快なのが値段の吊り上げです。もっとも頻繁に起こり得るできごとで、もっとも不愉快なことです。「サクラ入札」はしません……、と自分の解説に記載している業者もあやしい業者です。しているからこそしていませんというのは犯罪者の常套句でもあるからです。そういう業者に限ってパソコン６台くらいを駆使し、複数の異なるＩＤを用いて、自分の出品作品の値段をあたかも他人が入札しているようにみせかけて自身で吊り上げていることが多いのは周知の事実です。

オークション側も自社の売り上げ・利益を上げるために個人がいくつものＩＤをとることを規制しないことにも問題あります。かつては「評価」がひとケタ（実際に落札しないから評価が少ない）の入札は値段の「ツリアゲ隊」とわかりやすかったものです。相手の取引事例を見て、評価１ケタ台から、２ケタ台のＩＤをチェックしていくと、自らの出品物を自分自身で値段を吊り上げているのがはっきりわかります。

これは悪い業者を見抜く自己防衛手段といえます。しかし最近は「良い」という評価が４００台とか５００台の友人に出品物の値上げを依頼するツリアゲ隊も多くなってきているので油断できません。注意が必要です。出品者側に立って考えると、あまりに安い金額で落札されてはかなわないという気持ちもわかりますが、それも度を超すと常識を超える金額に跳ね上がり、欲しい人の期待を裏切り続けて値段が上がる事態に発展する可能性があります。ツリアゲ隊かどうかを慎重に見極めることも大切です。これに対する対抗策は入札しないことです。そうすると出品者は自分自身で落札をするので出品料を払わないといけなくなるからです。

また大きな問題点として、デジタル写真は写真を修整しやすいことがあります。写真を修整されると、買う側はお手上げです。焼きもので二度焼きという手口があります。いわゆるボロボロの陶磁器に手を入れて新しい釉薬《ゆうやく》をかけ再度焼き、より素晴らしい作品に仕立てるわけです。姿形は本物ですから、急いでいるときなど入札してしまいます。私が調査した作品は「非常に悪い」という評価が36もついている業者でしたが、こうした悪い評価が29とか30以上ついている業者は取引するのを避けた方が賢明です。そうした業者の注意書きをよく読むと必ずこう書いてあります。「写真をよくご覧になって、充分納得がいったら入札してください。入札はとり消せません。返品もできません」とこう書いてあります。そして商品の欠点を隠すように写真を撮影し、二度焼きのテカリを消します。まずいところは修正します。これでは詐欺同様です。

写真でいくらよくみても瑕疵《かし》(品物の欠点)はわかりません。送られてきた現物を見てびっくり。こんな作品なら落札はしなかったのに、ということでその旨を売った業者にクレームを出すと、返品は規定によってできません、という返事が返ってきて、絶対に返品には応じないのです。ですからこうした取引を経験しベテランの友人は、30以上の「非常に悪い」評価がある場合は絶対に買ってはいけないと忠告してくれました。20以上も充分気をつけた方がよいといいます。照明を反射させてキズを隠す､特に刀剣などの場合は光で反射させると、写真ではキズを見にくくさせることができます。多い手口といえます。

また購入したものは落札した瞬間にスクリーンショットなどでコピーをとっておくことを勧めたいと彼はいいます。

売買が成立するとすぐに写真を消去して証拠を隠滅する業者も多いようです。こうしたことも悪い業者の常套手段です。悪い業者を排除していく自浄努力をオークションサイトもしていかなければならない時期にきているのでしょう。そうでないと買う人たちがみな離れていくでしょう。

それから細かい解説の言葉に注意することです。「真作のセオリーどおりの作行きです……」こういう解説があったら、あやしいと思うべきです。真作は当然、当たり前にそういうセオリーどおりの作風だからです。これも贋作を売りつける業者が、意識しすぎて自分は贋作をだしていますよと、ふと書いてしまう一言といえます。

●インターネット取引の落とし穴

インターネット取引は、正直いって難しいところです。それはディスプレイでの鑑定になり、実物を検討することができないからです。値段は安くはじまりますが、次第に上がったり、上げられたりでかなりの値段になります。インターネットでの古美術・骨董品取引の怖さは、この安い値段からはじまることです。安いからひょっとして安く手に入るかもしれないという気持ちになることは人情です。はじめから4万円とか5万円という値段でスタートした作品でしたら、入札しないのでしょうが、1000円スタートの怖さは、このもしかして安く手に入るかもしれないという思いから入札することなのです。そうしてズルズルと巻き込まれていきます。ほかの入札者が自分の入札値段をオーバーしていくと、冷静さを失って競争心が首をもたげ、上値を追うように入札してしまいます。

プロの古美術・骨董商は業者市という仕入れの市場で購入するケースが多いのですが、中にはインターネットでなにかを探したり、どのような値段で取引されているか勉強のためにのぞいてみるケースもあります。しかしプロはこの作品はいくらまで入札しようという、自分の「限度」を設定して、一応歯止めをかけ、感情的にその額を超えることはあまりありません。

ところがプロでない方がヤフーオークションを見ると段々エスカレートして、熱中しがちになります。ここがヤフーオークションの落とし穴の一つです。

二つめのの落とし穴は、前述した「値段の吊り上げ」です。

もちろん１００円ではじまって、１０００円で落札されては彼らも商売ですからたまりません。それは当然わかるのですが、画面に張りついてオークションに参加しているみなさんにとってはたまりません。終了時間近くになったら値段をチェックしてオークションに参加します。値段を上げると、また上回った値段は入札されて上をいかれます。また入札すると今度は違う人が入札してきて上値を超されます。そうして三人から四人くらいの入札が延々とあり、１時間くらいは軽く経過してしまいます。よい作品などでは長いときは、終了時間から2時間ぐらい引っ張られることがあります。値段もかなり上がってきます。こちらの入札スピードが遅くなると、相手も考えていて、テコ入れスピードが落ちてきます。この感覚はなんとも表現しにくいのですが、止めようかとこちらが考えはじめると、出品者もそれを感じとり、そろそろ落札させようかと考えはじめるようです。

あとで入札に参加した人たちの略されたＩＤをチェックしておくと、カラクリがわかります。同じ出品者のさまざまな出品作品のオークションに参加する入札者（吊り上げ）のＩＤが同じであることに気がつくでことでしょう。それはどういうことを意味しているかというと、出品者が数台のパソコンをもっていて、それぞれ違うＩＤを登録します。多い場合は5台くらいのパソコンで登録をしています。そのパソコンの違ったＩＤでこちらが入札した値段の上値を超えて入札してくるのです。みなさんもご存知だと思いますが、希望する作品を落札して、支払いが無事済みますと「評価」というものが落札者につきます。その評価は括弧にくくられて、例えば、５回良い評価がつけば（５）、１００回と増えれば（１００）となります。また、出品者に不愉快なことが多ければ悪い評価をつければよいわけですから、相手は減点されたマイナス評価の数字が増えます。

新しいＩＤはその評価の数が少ないのが特徴で、カサ上げしてくるＩＤはだいたいが落札用ではなく吊り上げ用のため、評価数が少ないのです。その少ない入札がいくつか続くと、こちらもこれは吊り上げの入札だとわかります。そうしたことは１０００円からはじまる場合、ある程度は許容されますが、あまりやりすぎるとその出品者（業者）は評判を落として、やがて自滅していくでしょう。そこで次の方法に切り替えます。さすがに自分のパソコンだけでばかりやりますとわかってしまいますから、評価の高いＩＤをもつ友人の古美術商に頼んで入札してもらうこともあるようです。その友人がいくつかのＩＤをもっていれば好都合です。そうするとかなりカモフラージュできます。そうして、こちらからはだんだんみえにくくなるのです。

これはなかなか高度な話になってきます。まあ、こうした行き過ぎを戒めるには、自分の決めた「限度」を守ることです。すると出品者も自分で落札することになり、出品者が自ら手数料をはらうことになります。これは損失ですから入札時間ギリギリの終了間際に出品を取り消すことになります。これは手数料の支払いを止める非常手段なのです。終了後画面を見ると、落札者のところが（0）と表示されているためすぐにわかります。こうしたことが何回もあると、業者の仕事への「誠意」がわかり、よくない業者という判断になると思います。これが一つの業者を見分ける方法です。

第三の落とし穴です。もう高値だしこちらがあきらめて入札をやめた場合に、あとであなたが落札しましたと連絡がくる場合があります。次点落札ということなのですが、これは値段を吊り上げるだけ吊り上げて、落札者が落札を取り消したため（出品者が落札してしまった可能性もあります）、次点であるこちらに落札の権利が回ってきたというケースです。

これをどう評価するかは、こちらの考え方次第です。汚いやり方だからと拒否することは当然できます。またこの作品はどうしても欲しかったという場合は、交渉次第でもっと安く買えることもあります。その取りやめた人の最初からの入札を消してもらう折衝をすればよいのです。ダメなら拒否です。オークションの注意書きには「落札者は取り消しできないから、注意して入札してください」という一文が入っています。終了してみなさんが冷静になって、今回の入札は取り消そうということで、入札者がみな取り消したら、オークションそのものが成り立ちません。

これはプロの業者市の厳しい決まりでもあります。プロは入札したら絶対に取り消せません。まあ、プロの話ですからそこは厳しいわけで、アマチュアの方がヤフーオークションで入札される場合は一応はそうなっていますが、中にはオークションサイトへの手数料と出品者の手数料をなにがしか支払うことで取り消すことができる場合があります。相手次第です。

アマチュアの裏手口としては、評価が一つ落ちますが、よく考えると相手の吊り上げが激しくて、これは買えないと判断し、落札して取り消すと相手に伝え、入金手続きをしないことがその対抗策です。それには参加した吊り上げのＩＤをコピーしておくことが必要です。このいくつかのＩＤは出品者の吊り上げ用ＩＤだろうと出品者に主張し、ヤフーオークションに訴えるというと、この問題は意外とすんなりと穏便に解決することがあります。

しかしこれはあまりお勧めできません。できれば早めに冷静になり、入札を控えるように心を切り替える方がよいと思います。支払わないことが何回もあり、そのことを相手からオークション会社に訴えられると、こちらのＩＤを削除される事例もあるからです。その場合、今までの評価もすべて帳消しになりますから、被害は大きくなります。

売る側も、買う側も、お互いに気持ちよく、楽しみながらヤフーオークションを楽しんでいただきたいと思います。何回か取引しますと、相手がよい方かそうでないかはすぐにわかりますから、そこから判断されるのもよいでしょう。

四番目の注意点です。私の友人が体験した、ヤフーオークションに登場した新手の詐欺ともとれる騙しのテクニックです。最近のヤフーオークションでは、出品者に対して、作品がコピーか本物かを明記するように義務づけました。特に絵画に問題があったようで、こうしたことに歯止めをかけたものと思われます。入札者を贋作から守ることが一番の目的であることは明白です。特に古い作品には、コピー、昔風にいえば倣製品というジャンルがありますが、はっきりいえばそれは偽物、贋作となります。

日本には古くから床の間という特殊な空間があり、そこに大切な絵画や古美術・骨董品を飾りました。床の間とは読んで字のごとく、寝具をしつらえた部屋をいいます。家主の寝る場所は別にあり、この「寝所」は特別な客、身分の高い領主、殿さま格の客がいらした場合の応対をした場所でした。大半は一段高くしつらえられ、畳が敷かれています。鎌倉時代の絵巻物「一遍上人絵伝《いっぺんしょうにんえでん》」の筑前での布教の様子を描いた中に、豪族が領主を招き、酒宴を張っている場面が私の知る限りもっとも古い床の間が描かれた作品ですが、板の間に一段高く床の間があります。領主以外は身分により違いますが、建物に入れない階級は地面に座っています。その次が廊下まで入れ、その上になってやっと館に入れます。そのクラスでも藁で編んだ丸い敷物に座れれば豪族と同等クラスの者です。通常、天皇の生活する御所では、従《じゅ》五位《ごい》からが宮殿に上がり、謁見が許されます。その場合は床の間ではなく、謁見の間になりますから、「玉座」になります。

床の間には通常、畳が敷かれて、豪華な「畳縁」がつきます。今は和室にも畳が敷かれていますが、鎌倉時代はきわめて高価なものであり、特別な人しか使えないものでした。そのようなわけで、床の間に飾る季節の「掛軸」はきわめて高価で大切なものでした。昔は「書画骨董」といい、一番大切にされたのが「掛軸」でした。地方のミドルクラスの役人や商人たちがこうした「床の間」に飾る掛軸の名品を求めたことはいうまでもありません。彼らは京都に上る人に頼んで有名な画家の掛軸を買ってきてほしいと頼みました。しかし有名な画家の作品などはきわめて高額で、とても買えませんから、その一派の弟子や模倣上手な絵師に書かせた、似て非なる作品を安く買って運んできました。谷文晁《たにぶんちょう》や渡辺《わたなべ》華山《かざん》のコピー作品がこうして地方の蔵に眠ることになり、鑑定番組を見た欲に目のくらんだ現代人が蔵から探し出し某鑑定団に出すわけです。私の友人の鑑定士がこういいました。「細矢さん、掛軸なんで98パーセント偽物だよ」と。江戸時代でも一流の絵師の作品は大変高額で、簡単には手に入らないものでしたから、そう考えると当然コピーなのです。当時は贋作をつくるというより、悪気のない「お土産」だったし、それを承知で飾ったものといえるでしょう。

話がそれましたが、床の間は身分の高い人がお休みになる場所でしたから、高額な絵や置物を飾ったのでした。

そこでヤフーオークションではそうした曖昧な絵画が高額に取引され、あとで問題にならないように、真贋不明な作品には【模倣】と表記せよと決定しました。すると今度はそれを逆手にとって、詐欺まがいな方法を考えた悪知恵の働く人がいます。このような例です。有名な画家の素晴らしく描かれた女性のデッサンがオークションに出品されていました。詳しい方は欲しいと思います。しかし出品者のその絵には【模倣】とあり、「作品は地方にあるため、お届けに2週間かかります」と書いてあるのです。落札希望者（G氏としましょう）は、よい絵だし、出品者が本物と気づかず、【模倣】としたのだとよい方に解釈しますから、入札しました。すると何人かが入札して値上げされます。これもきっと出品者が数台のパソコンを使って競り上がってきます。そうこうしていると、2万円から3万円ぐらいで落札できて、あの名画が安く落札できたと喜んで、G氏は入金して絵が届くのを首を長く待っていたそうです。しかし、ふとそのときの連絡のやり取りの中に2週間後に届きますという文言が気になりました。その後、やっと届いた絵を開けてみるとどこかおかしいのです。最初に見た絵とどこかが違うのです。最初、ヤフーオークションで欲しいと思った絵の感動がこの絵にはまったくありません。これは最初の絵ではないと感じたG氏は、購入した相手に問い合わせました。返事は「画面の絵に間違いありません」というものでした。そこで落札情報の中の絵を画像で確認しようとしたら、すでに消去されてました。

G氏は確認のしようがなく、あきらめたといいます。

考えてみれば、トリックがわかるといいます。それはこうです。最初のヤフーオークション画面でG氏が見たデッサンは本物でよかったので、それは本当に著名な作家が描いたデッサンだったのでしょう。その落札が確定してから2週間の間があったわけですが、そのときに誰かわかりませんがほかの絵心あるアルバイト絵師、美術学校を卒業した学生などの中のプロの画家になれなかった絵師たち（だれもがプロになれるほど絵画の世界は甘くありません）に模写させて、一枚数千円のアルバイト料金を払って手に入れたものを送ってきたのです。仮に訴えられても**【模写】**と最初に断ってあるわけですから、訴えても空振りになる可能性は大きいと思います。なんとも後味のよくない、イカサマ商売に思えました。ヤフーオークションの善意の方針をまさに逆手にとった新手の手口といえます。

またこれに似たような事例に私もヤフーオークションで遭遇しました。細密に描かれた、一見、写真でみる本物の室町の信楽壺が掲載されて、値段は2万5000円とあります。これは安いと思い、つい慌てて入札などしてしまいますと、あとで消せない、取り消しできないため落札してしまう可能性もあるから大変です。これは本物の壺ではなく「絵」なのです。紛らわしいといいますか、詐欺まがいの手口です。画面では本物に見えます。恐らく素人の絵心のある方の絵だと思いますが、大変紛らわしく、なんとも呆れるというか、不快な後味がしましたが、これも今までのヤフーオークションにはなかった現象です。ヤフーオークション側でもこうした絵を古美術・骨董品と一緒にオークションにかけている点に便乗した悪徳手口としています。

仮に慌てて入札してしまったら、相手に連絡するか、強制キャンセルするしかありません。それでもダメなら「消費者庁に連絡します」とか「ヤフーオークション側に通知します」などと、相手に伝える必要があります。最終的に相手が納得しない場合は支払わないことに発展しますが、それはやむを得ないことかもしれません。相手側からきっと「悪い」の評価がつくかもしれませんが、こちらもこういう紛らわしいオークションはよくないと逆評価してやればよいのです。しかしこうした争いはあまり望ましいことではありません。

五番目の注意点です。よい出品者かどうかの見分け方ですが、これは私が経験したことです。一度買ってみて、作品が届いて見てみないとわかりにくいポイントといえます。色合いをデジタル処理で修整しているかどうかという観点から見る方法です。

オークションサイトへの投稿は、使用する写真をデジタルカメラで撮影したものを送信します。デジタル写真ですから、基本的に修正ができます。これを逆手にとった業者もみられます。サイトに掲載される競売に付される作品の写真を人為的に修正するのです。

どのようなことかといいますと、私がヤフーオークションで注目したのは12世紀の高麗青磁の水滴でした。画面で見たところ、なかなかよい高麗青磁独特の色合いをしています。私は高麗青磁が好きで、いろいろな作品をもっていますから、その素顔といいますか、美しさについては理解しています。画面で見た水滴は素晴らしい色をしていました。形は「蛙」の可愛い形をしています。

蛙は吉祥の姿です。なぜおめでたい形とされるのでしょうか。蛙は変身をとげる動物です。卵から孵化して、オタマジャクシになり、次第に足が出て、次に手が出てきます。そして尾が消滅して陸に上がり、飛び跳ねます。古代の人たちはこの変身が、不思議で、人が死んで生き返る、姿を変えることが生まれ変わることと理解したようです。脱皮も変身ですし、ますます若返る、おめでたい変身ととらえました。蛇が脱皮して殻を脱ぎ捨てて若返る、それは人間にとって不思議な出来事だったのです。チョウも変身します。セミも同じです。7年も地中にいて、出てきたと思ったら殻を脱ぎ捨てて飛び去ります。そうした変身する、若返る、命が更新されることとオーバーラップされたのです。

話を元に戻します。その高麗青磁のもっとも美しい色合いは、作品の命ともいうべき鑑賞ポイントなのです。それをデジタル処理を行って、あまりよくない色合いを最高の色合いに変えてしまうのです。こうした悪質な業者も増えています。インターネット取引では相手の顔が見えないため、お店で顔を合わせて会話をし、相手の人柄を観察しながら購入する方法とは基本的に違います。しかしデジタル処理は判断の基本を覆らせるものですから、今のところ何とも注意のしようがありません。やはりヤフーオークションではこうした微妙なものは買わない方がよいということになるのでしょうか。

六番目の注意点です。簡単な業者判別法は、評価欄をじっくり見ることです。評価欄とは、その業者と取引した相手側から入れた評価ですから、かなり信憑性があります。中には「やらせ」がありますが、全体的には大変参考になります。特に悪い評価があった場合は中味を見るべきです。過去の数十の評価や数百の評価を参考にすると、その業者の本当の姿がおぼろげながらわかるものです。「この業者とは取引しない方がいい」と評価に書いてあったり、「とても悪い」が多かったりは参考になります。業者と顔を合わせない取引ですから、自我が出るといいますか、意外にその人となりや感情が出やすいものです。お互いさまという関係も成立します。こちらの出方で相手との関係がもろくも瓦解して、悪い評価の応酬になったりしがちです。出品されている作品がよいもので、こちらもそれを確認できれば問題なく入札してよいと思います。

しかしこれまでに述べてきたように、常によいものが出品されるとは限りません。よいものが落札できれば、まったく問題はありませんが現実はこれまで述べてきた「注意」を参照にしてください。

これは友人のヤフーオークションマニアから聞いた話です。最後の手段になりますが、あまりにもひどい場合は、知り合いの弁護士と相談します、という一文は最初の頃には効果があるそうです。消費者庁への相談ということも効果があるようです。

7 古美術・骨董品で怖い思いをしないためには

●箱書の恐ろしさ

箱書きは疑ってみよ……、箱書は信じてはいけません。そうです、贋作を論じる場合に必ず出てくるものに「箱書」というものがあります。それでは箱書とは一体なんなのでしょうか。通常、桐箱に作品が入っているのですが、そこに作品の由来や伝承、作品の希少性などを記入したものが箱書です。みなさんがご覧になるのは桐の箱が大半であると思われます。依頼を受けた権威のある鑑定家ないしは茶道の家元が作品の真贋についての、鑑定書の延長線上にあるのがものが箱書なのです。

お茶の世界ではその箱書が著名な茶道の宗家、家元によって書かれていると重視され、高額で売買されます。「箱書半分、中半分」とよくいわれます。これはどういうことかといいますと、「価値の半分を箱が占めている場合もしばしばみられます」、ということです。すなわち中身は半分の価値です、ということです。いかに箱書が茶道の中において重要かがおわかりになるかと思いますが、それだけに作品が高名な作家のもので、評価が高額であればあるだけ贋作が多くなる確率が高くなるのもこの世界の直視すべき現状なのです。

箱と中身がそろっている本物の茶碗があったとしましょう。それらは悪い人たちにかかりますと、箱と中身は別々にされる運命にあります。なぜならよい箱にはほかの贋作の茶道具が入れられ、本物の茶道具はよい作品ですから、新しく箱書を権威者に書いてもらい、その箱に入れられるからです。

一組の本物の作品があれば2倍儲かることになります。箱書はその筋の鑑定人に金を積んで依頼すれば書いてもらえます。ということは、こうもいえます。はじめは本物をもってき、きちんとした鑑定人に依頼して本物として箱書してもらいます。ところがそうした権威者が書いた本物の箱でも、その箱に贋作が入れられれば話は別です。いとも簡単に贋作の茶碗が本物の茶碗として売られることもあるわけです。

例えば、本物の茶碗が一つあれば、箱は鑑定人に金を出して依頼さえすれば無数はオーバーですが、かなりたくさんつくれるのです。何回も本物を箱に入れて、箱書に出せばよいわけです。依頼されたほうは作品が本物であればその旨を書いた箱をつくらざるを得ないのです。大げさですがそのつくられた無数の箱書された箱に贋物の茶碗が入れられれば、贋作セットは無数にできてしまいます。ですから箱書する方だけが儲かり、一方で、箱書きする鑑定人の権威も落ちるという不思議な現象が起こるのです。

このように贋作はつくられ、常に市場に氾濫していきます。「箱書がよい場合は中の作品を疑え」といわれる、笑うべき不思議な現象が生じます。

先ほど箱は桐でできたものが多いと書きましたが、実はここにも鑑定のポイントが隠されています。現在の桐という素材の箱はおおよそ江戸時代の中期以降に使われだしたようです。その前は杉や松の箱に収められるケースが多く、そこに鑑定のおもしろさがあります。すなわち桃山時代から江戸時代前期に活躍した茶人などの箱書が桐箱に書かれていることはないのです。もしその箱書が本物であるなら、当然のことですが時代がかった、黒く古びた杉か松の箱に書かれてなければならないのです。ちなみに江戸時代の元禄年間の箱はみな杉でできています。

江戸時代中期頃までの古い陶磁器の保存には杉の箱が使われ、そこに購入した年号などが書かれていることが多いのです。もちろん杉の箱は現代でもつくればありますが、桐の箱で江戸前期の箱は私の知る限りありません。ちなみに鑑定書にあたる折り紙や箱書というものは、詳細ははっきりしませんが、江戸時代前期の名門刀剣鑑定家にして砥ぎ師であった本阿弥光悦《こうえつ》あたりからはじまったとされています。

茶道の世界では家元や楽家宗家の箱書きや、茶道に関係した有名人たちの箱書きが珍重されて、前述したように「箱書半分、中半分」……、などという言葉が口にされることがありました。いわゆる茶碗の価値の半分は箱書きの価値で、本体の美術品であるはずの茶碗の価値は半分であるというようです。それだけ茶碗の価値では来歴、伝来、宗家の権威が重視されたということです。それを悪用する業者などがいたようですが、最近はお茶の先生方が高齢になられて、廃業される方々が多くなり、みなさんが道具を売りに出されるゆえに茶道具が暴落して安くなっています。今まで高嶺の華であった多くのお茶碗が、驚くべき安値で出てきます。買うのはまさに今ですが、それに乗じてくる悪い業者もおりますので、安いとはいえ充分注意してかかりましょう。

以上のようなことから茶道の世界はいざ知らず、古美術・骨董業界では、箱を重視する風潮は少なく、中身である作品のよさによって判断する傾向が強くなってきています。箱はあくまで保存用の容器としてみる風潮が強くなったように思われます。正当な伝来、箱の自然さは、作品本来の美しさ、素晴らしさを重視していくことの中に吸収されることで、より自然な流れに同化していくことを期待したいものです。

●自分が納得できないものは買うな

古美術・骨董品の勉強の仕方にはいろいろあります。今までにたくさんの方々の買い方をみてきましたが、いろいろな本をたくさん読まれてから購入する方、どんどん買うことによって勉強する方、友人の先輩についていてきてもらってアドバイスしてもらいながら買う方、私の学院で勉強してから買う方などさまざまです。

私は18歳から古美術・骨董品に親しんできましたが、どちらかというと自分がこれはいいなと思った分野にかなり集中するタイプのように思います。そして書籍や実際の勉強をある程度済ませると、その勉強過程で興味が出た次の美術品のジャンルに意欲が移るという傾向が強いようです。それが今まで続き、いろいろな方向に興味が移りましたが、贋作を買うのはいやですから、頑張って勉強します。そして長い間かかって得た結論は、自分が感動したり、欲しいなぁと素直に思う品物を買うということ、これに尽きます。

当たり前のように思われることなのですが、これがなかなか難しいというか、できないのが古美術・骨董品の不思議なところなのです。欲にかられて買ってしまうことも多いようです。欲も適度ですとやる気も出てよいのですが、あまり強すぎると贋作をつかむ原因となり、逆に弊害になります。

ものの見方についてはは前にお話しいたしましたが、多くの美しいとされている作品をできるだけ美術館や博物館でたくさん観ることです。そのなかから自分だったらこれが一番欲しいと思う作品を毎回考えることとです。展覧会などを観たあとに、１点だけあの中からもらえるとしたら、どれをもらうだろうかと考えることです。実際は博物館に展示してある作品はもらえることなどありえないことですが、まあ遊びと訓練でそう考えるのです。それを毎回本気で繰り返していると、自分の好きな作品が自然にわかってきます。それが美意識を育てる唯一の方法といえます。

ですから「自分が納得できないものは買うな」というのは、実はみなさんへの非常に大切なアドバイスなのです。私もずいぶんと昔のことになりますが、東京銀座に店を出している３代続く古美術・骨董商の友人から聞かされた話です。なにかを買うときに、「一か所でも自分がおかしいと思う点があったら買ってはならない」と言われました。ちょっと欲しいと思う作品に対して、おかしいなと思っても中にはこういうものもあるかもしれないとよい方向に解釈してしまう場合があります。いわゆる「あばたも笑窪」でよく見えてしまうのです。またよい方向に考えてしまいます。欲得がらみの場合も同じです。これはきっとよいものに違いないと思うと、冷静さを欠き、落とし穴にはまってしまいます。ですからそれと同時に疑う心も必要です。疑うということは、そこにはある程度の鑑定知識も必要となりますから、勉強しようという気持ちにさせられます。これもよいことです。

また業者市で品物を競っているときに、名のある古美術・骨董商がセリに参加してきた場合など、これはよいものだ、だからあの有名な古美術・骨董商が買いに参加してきた、自分も買ってみようなどと「相乗り（株の世界では「ちょうちんをつける」といいます）」を考える場合がそれに当たります。人間は善意に考えがちですが、これには注意しろとその友人は教えてくれました。百戦練磨の古美術・骨董商の中には、仲間と組んで買うポーズを見せて素人の相手、はじめて参加した初心者（のプロ）に買わせる高等テクニックもあるからです。買うときは自分に妥協してはいけないということです。欲だけで好きではないものを買ってはいけません。あとで損するのは自分だからです。欲得がからむので、強い自制心が必要となるのです。あくまでも自分のために、前に述べたように、自分が惚れこんだ作品を買うべきです。

8　本物・真物をよく見ること

贋作を買ってしまう大きな原因の一つに、当然のことながら本物を知らないということがあります。誰でも最初はなにも知りませんから、どれが本物で、どれが贋作かわからないので、それも致し方ないかもしれません。

前にお話ししたM氏のように、贋作を買うことで本物を学んできた偉大な先人もおられますが、素人のみなさん方に同じことを要求することはできません。そこで一番身近で手軽な方法は、自分の美的感性、感覚、鑑定能力を磨き上げることしかありません。M氏のように身銭を切って買うことで真贋が骨身にしみてわかる場合は身につきますが、それが経済的理由でできない場合は、美術館、博物館をできるだけ回り、常設展示や特別展示でさまざまな美術品をご覧になり、本当の美術品の美しさを知ることが唯一残された道となります。美術鑑賞にとって、感性を磨くことが一番大切なことであることはいうまでもありません。細かい鑑定ポイントを学ぶことも大切ですが、全体の美しさ、バランス、色彩の妙というものを身につけられた方が本質的な美の理解は早いかもしれません。ただこれも真剣にやらねばなりません。

私は以前、「先生はこの作品を美しいといわれますが、これがどうして美しいのですか?」と問われたことがありました。これは「美とはなにか?」と問われたのと同じです。簡潔にわかりやすく答えることはなかなか難しい質問です。そこでこう答えました。「それは街を歩いていて、どの女性が美人なのか判断の基準を教えてくれといわれているのと同じです」と。

なぜ「美」なのかということを明確に一言で規定することはとても難しいことです。難しいというより、不可能かもしれません。美の基準は個人によって違うからです。ただなにより大切なことは見慣れることです。街を歩いていてたくさんの女性を見ていれば、おのずと自分の好きなタイプの美人がわかってくることと同じことなのです。我々は生まれたときから母親を見て、姉妹を見て、おばさんを見ることからはじまって、大きくなるまでに多くの女性を見てきているのです。ですから今までの経験と比較でおのずと美人がわかってくるのです。

「美」というと難しく考えがちですが、考えてみれば当たり前のことでもあるし、意外と簡単なことなのです。ですからその理屈から考えれば、たくさん美しいといわれているものを美術館、博物館で観ることです。そうすればいい加減なものや、贋作でも簡単なものはすぐ判断ができるようになります。自分にとって魅力のないものを排除していけばよいのです。

●効率よく「美」を学ぶ博物館・美術館の歩き方

私の博物館、美術館巡りの方法をお話ししましょう。

特別展示などはすごく混んでいて私にはなかなか思うように拝観できません。中には「立ち止まらないで観てください」などと本気でいう博物館もあります。あまりに営業主義で、そうした博物館の特別展示には行きません。そこで常設展示を観に行きます。常設展示ですとガラガラです。どうしてみなさんは常設展示に行かないで、高額な特別展示に行くのでしょうか。常設展示にも国宝・重要文化財はたくさんあります。ただ特定な作家、企画でないだけです。私はその常設展示に行き、速足で観て歩きます。これはよい作品だ、好きな作品だと直感的に思ったら立ち止まってじっくり拝見します。解説は、はじめは読みません。自分で考えてみる、時代、作者、見どころなどなどを自分なりに考えます。これはとてもよい勉強になります。もちろんわからなければ解説を読んでいただいてよいのですが、できるだけ自分で考えてみることです。なぜ自分はこの作品をよいと思ったか、それも大切です。そしてその作品が終わったらまた速足で観て回る、よいと思わなければ通り過ぎるだけです。通り過ぎた作品は悪いわけではないのです。博物館・美術館に展示されているだけで充分名品なのです。ただ自分の感性、そのときの気分、感覚に合わないだけなのです。素通りした作品を将来、素晴らしいと感動するかもしれません。瞬間で自分の好きな、というか関心を引く作品を選び出す練習を繰り返します。これはものすごくよい勉強になります。一度試してみてください。特別展示は高額な入場料払うので、最初からみなさんじっくり、熱心に観られるので、入り口はいつも大混雑です。少し先は空いていますからそこをご覧になったあと、入り口近辺が空いたら拝観すればよいのです。

そうして常設展示を拝観するのに早いときは30分とかかりません。いくつか気に入った作品に巡り合った場合は1時間から1時間半というところです。あと、特別展示などで一生懸命にすべての作品を拝観すると、あとで疲れて一体なにを観てきたかすら忘れてしまいます。それより好きな作品だけ観ていれば印象深いですし、思い出します。あれはよかったと心に印象が残ります。それが次の作品鑑賞の機会に役に立ちます。その連続ですが、こうした経験が何年か続くと大きな成果になります。見る眼が鍛えられます。美とはなにか、などと問わなくなるに違いありません。

贋作を手にしてしまう一番多い事例は、知らない領域のものを買うケースですが、それは同時に売り手である古美術・骨董商を信じて購入してしまうことによる場合も多いということを物語っています。それはとても不幸なことではありますが、こうした場合、買う前にしっかり勉強していれば、作品を見てかなりの確率で贋作を排除できたことはいうまでもないでしょう。日頃から博物館や美術館で優品を観ておけば、少なくともレベルの低い贋作を購入するというミスは犯さないでしょう。やはり自分の勉強成果がものをいいます。

かつての古美術・骨董商での丁稚教育の一環には、よいものしか丁稚には見せないということがあったようです。贋作や魅力のないもの、だめなものをみせると眼が曇るといいます。常に初心者にはよいものだけをみせるということが不可欠のようです。ですからよいものだけ見ていれば、悪いものはすぐわかるようになる、悪いものだけをみているとよいものがわからなくなると昔の目利きたちは考えました。これはとても興味あることです。真作だけを見続けることが最初の段階ではとても大切だということです。

9 古美術・骨董品の魅力とは?

私にとって古美術・骨董品の魅力はなにかと問われれば、今の時点ではこう答えます。「よい作品はやすらぎと満足感を与えてくれて、美の感動は心を浄化してくれる。さらに歴史のかなたに自分を連れて行ってくれて、そこからさまざまな人間の文化的側面を学ばせてくれることは喜びです」と。

難しい古美術・骨董品はみなから一目置かれ、「ステータス」にもなります。私の学院の会員の中にも、古美術・骨董品の勉強をしているというと、みな驚いて一目置いてくれるという方もおられます。まあそれはそれでよいことなのでしょう。そこから本当に勉強して、みなさんから尊敬、敬愛されて欲しいものです。私はみなさんから尊敬されたり、敬愛されたりも人間ですから嬉しいですが、自分が知識を得たり、そこから限りない無限の世界から喜びを得られる方がはるかに嬉しいですし、満足です。

10　古美術・骨董品を本当に楽しむために

これはなかなか難しいことです。

古美術・骨董品は歴史も古く、いわば全世界的な規模で存在します。全世界の美術、文化、歴史をすべて勉強しないといけません。それは人類の歴史すべての領域にわたります。それには一生では限界があります。どこまで行けるかはわかりません。でもどこまで行けるか自分にチャレンジしてみたいと思うときがあります。意欲は体調によります。段々自分も年をとってくると、気力というか、意欲が落ちていることに気がつくときがあります。それをどう今後、克服していくかということが大きな課題となりそうです。意欲がわかないと先に進みません。

では意欲をどう高めるのでしょうか。

やはりそれは新しい、自分が好きになれる領域をさらに勉強すること、それしかないように思います。この先、歳をとって記憶力や感動がなくなったら、それはそれで終わりかもしれません。でもそういったことを前提に考えることは無意味です。記憶力や感動が継続されるうちは努力して、いろいろなやり残しをなし遂げていきたいという気持ちはあります。本書はそうした自分への叱咤激励のためのものでもあります。

古美術・骨董品を本当に楽しむためには、新しい作品でも、何回も見た作品でも新たに作品を見て、何度でも深く感動することのできるみずみずしい感性をいつまでも持続できることが大切だと思います。桃山時代から江戸時代を生きた琳派の祖とされる俵屋《たわらや》宗達《そうたつ》の水墨画などを見ていますと、美の永遠性などを考えます。

●美のフィルターとはなにか？

私の古い思い出ですが、「これいいなぁ」と何気なく骨董市で買った安い皿が、伊万里の古い藍九谷で、知人の古美術・骨董商からほめられました。すると、今度はもっとよいものをなどと欲を出します。結果つまらない贋作にひっかかったりすることがあります。

「掘り出しは一度、失敗は一生」という言葉があります。すこし大げさではありますがまさにそうした状況をいっているのです。一度のたまたまの成功に過信して、あとの人生をフィにしてしまうことのたとえでしょう。自信過剰は一番危険です。

古美術・骨董品を楽しんでいると、先祖というか昔の人たちのつくったものへの愛着、いとおしさのようなものがきっと伝わってきます。古いものは、人々の生活の中で使われてきたものですし、使われてきたということは、その作品に魅力があるからで、使い勝手もよいからなのです。また、飾っても美しいため、もっている喜びから大切にされてきた歴史があるのです。

考えてみると、こうした古い作品は時代の求める美のフィルターにかかってきて、それをくぐり抜けて、生き延びてきた歴史があるともいえるのです。いつの時代でも美しいと思われ、また使い勝手がよいと思われ、大切に保存、使用されてきた作品たち、こうした作品は時代が変わっても、誰がみても美しいという美の普遍性をもっています。使い勝手もよく、大切にされてきたのです。時代の好みとか流行というフィルターにひっかかると廃棄されてしまいます。

ネクタイの幅やズボンの裾の広がりを考えてみましょう。女性ですとスカートの長い、短いなどの流行です。一時、ネクタイは幅の広いものが流行りました。その後、すぐに細くなり若い方々に好まれた時期がありました。細くなったら太いネクタイは廃棄されます。ズボンもパンタロンという裾が広がったズボンが流行ったあとで今度は細めの裾が流行しました。もうパンタロンは野暮で時代遅れになり、なんでこんなものを履いていたのかと呆れられて捨てられました。

このように、ものには流行があります。同じように古美術・骨董品にもはやりすたりがあります。それを私は「時代のフィルター」と考えています。壊れたものは当然廃棄されますが、流行に合わなくなったものも廃棄されます。そして新しい時代の流行に合った作品がもてはやされるのです。しかしそうした淘汰の中から、いつの時代にも美しさ、使い勝手のよい作品というものは生まれて残り、人々に愛され使われて次の世代に受け継がれていくものがあります。

そうした、いつの時代にも大切にされ、愛され使われる作品のよさのことを「美の普遍性」といいます。そうして何百年、何千年も経過した作品を「古美術品、骨董品」と呼んでいるのです。古美術品とか骨董品という作品はそうした独特の美の香りをもっているのです。それは人間だけが感じ、理解できる美しさといえるものなのです。

一般的に「古」は百年以上経過したものという概念をもっています。美術は天皇、将軍、大名などの特権階級が愛した美術品を総称し、民具は農民や商人といった庶民が日常生活の中で使っていて、大切に引き継がれてきた作品を総称していいます。最低限の生活必需品といえます。民家、囲炉裏、鍋釜、ざる、野良着などなど、生活に必要な最低限度の品々です。私はこうした百年以上経過した最低限度必要な品々を「古民具」と呼んでいます。この古民具と古美術品の間にあるもの、中間的な生活レベルに属する人たち、少し豊かな人たち、中間層という人たちに使われたり愛されたりしたものを「骨董品」と呼んでいます。

しかし中国では古美術・骨董品という言葉はとてもハイレベルな美術品を指したとされ、日本の意識との違いを感じさせます。古美術と、骨董品、古民具の大ざっぱではありますが違いを理解していただけたと思います。

しかし、ここではいろいろな言葉の違いは別として、「美」とか「美術」とか難しく思わないで、単純に感動するものを探せばよいのです。いろいろな絵を観て、その中からこの絵はよいなぁと思えば飾ってみればよいのです。まったく難しくありません。

例えば、あのお爺さんの眼は年季が入っている、といいます。この「年季」はキャリア、経験そのものです。どれだけたくさんの作品を見てきたか、また見ること、買うことによってどれだけ多くのことを学んできたか、それが「年季」といわれるものです。この年季は一朝一夕にはできるものではないのです。年季を深めることが、北大路魯山人の人生の目標、人生そのものだったのではないかと最近思うようになりました。

こうした年季を積んだ人のことを「数寄（奇）者」といいます。風流であるとか、めずらしい人という意味です。奇という字はめずらしいとか数少ないという意味があります。何万人に一人とか何十万人に一人とかのめずらしい美の愛好家が数寄（奇）者です。

絵を観て感動する人はたくさんいます。以前、私の古美術・骨董品の師である武田さんの師匠の展覧会「藤田嗣治展」が東京と関西で開催され、入場制限されるほどの大変な人出でした。彼の作品を見て「よいなぁ」と思う人は多いでしょう。しかし藤田の作品に惚れ込んで、財産を投げ打って真作を購入したり、彼が有名になるまでの人生や絵画制作の舞台裏や、日本画壇との確執、成功の舞台裏、鑑定のポイントを知っている人となると、その数はぐっと少なくなるでしょう。その数少ない愛好者たちが数寄者といえるのです。

そうした数寄者はある意味で自分の人生をそれに賭けています。それだけ真剣だということです。真剣であればこそよい作品に出会えたときは心から感動します。ですから真剣に美術を勉強してみようと思う方は、本人は気がつかなくても、ある意味で数寄者になろうと努力しておられる方々だといえるのです。

今まで私はいろいろなところで講演させていただいたり、講座をもたせていただいていますが、日本の美術の素晴らしさについてお話しすることが多いのです。

贋作を排除して、古美術・骨董品を心から愛していただくには世界に冠たる日本美術の特質について、正しい知識をもっていただく必要があろうかと思われるのです。

11 古美術・骨董品の達人になるためには

古美術・骨董品はおもしろい世界です。簡単に入ることができ、しかも奥が深いのです。私の懇意にしている東京青山の古美術・骨董商は「骨董は世界一難しい仕事だけど、世界で一番楽しい仕事だ」と言います。私もすでに55年間古美術・骨董品に親しんできました。ほかの趣味は少し楽しむと奥がわかるようになり、浅さを感じてしまいます。

古美術・骨董品は歴史、宗教、文学、芸術が混然一体をなして、簡単に入れるにもかかわらず、大変奥深い世界です。底なし沼に入ったように感じるはずです。しかしその成果も大きく、人類の文化が理解できるようになります。楽器も美術品であるし、能のように舞台装束、衣服が美術品というケースもあります。本当に幅が広いのです。ですから簡単に極めることはできません。だから面白いのです。

さてそれでは、古美術・骨董品の愛好者として、これからそれらに携わっていかれる場合、どのようなことに気をつけるべきか簡単に述べてみましょう。

どんな世界にも達人と呼ぶべき人たちはいますが、古美術・骨董品の達人とはどのような人たちなのでしょうか。みなさんにもそのことを是非学んでいただきたいのです。

まず第一は、二度と同じ間違いはおかさないと考えられる人になることです。古美術・骨董品の世界での間違えとはなんでしょうか。それは贋作、贋物を買ってしまうことをいいます。どのような達人といわれる人たちでも、過去に贋作、贋物を買ったことのない人などおりません。仮に贋作を購入したら、その贋作を徹底的に研究して、同じものの贋作を決して買わないと誓える人です。人間は最初はなにも知らないわけですから、一度の間違いは許されると思います。ただプロになろうと勉強される方は、同じ間違いは二度としない、徹底的に贋作を研究して特徴、見どころ、鑑定ポイントをマスターすべきです。そうしていればいつかすべての古美術・骨董品を正しく鑑定、鑑賞できるようになります。

二番目は、約束を守れる人になることです。もちろん日常生活の約束事を守るのは大切なことです。しかし私のいっているここでの約束とは、金銭の約束事です。いつまでにお支払いいたします、と約束したら必ず支払わないといけません。お金に関係する約束を守ることがその人の「信用」となります。信用を得るのは大変ですが、失うのは簡単です。この信用をコツコツ積み上げることがとても大切であるのが、古美術・骨董商の世界なのです。

三番目は失敗を自分の責任と謙虚に反省できる人になることです。自分が判断して行ったり買ったりしたものが、間違っていたり贋作であったりした場合、人のせいにしたり、責任を相手に転嫁したりすることです。そういう人は多くいますが、彼ら彼女らは決して達人にはなれません。ましてプロの世界では生き方に誇りをもたねばなりません。儲けるために買うわけですから、自分のミスは素直に認めて、次回の反省にすべきことは第一の心がけと同じです。儲かりそうだと買うこと自体、自己責任そのものです。人のせいにすることは一番簡単なことです。しかしその瞬間に「誇り（プライド）」が自分自身から離れていくのです。

四番目は、飽きることなく買える人です。買うことは第一の〝二度と同じ間違いはかさない〟と大きく関係します。ただ買うことではなく、研究しながら買うことです。

しかし買うためにはお金が必要です。有名な書家で料理人、芸術家で美学論者の北大路魯山人は「金もちは目利きにはなれない」といいました。金がふんだんにあると、判断が甘くなるからです。なのでお金はない方がよいのです。お金がないと真剣に選びます。勉強もします。いわゆるハングリー精神が形成されます。そしてお金がなければ、稼ごうという前向きな姿勢にもなります。自分が骨身を削って稼いだ大切なお金で、古美術・骨董品を買うわけですから、真剣にならざるを得ません。真剣とは殺すか殺されるかという世界を表している言葉です。斬るか斬られるか、古美術・骨董品と命がけで向かい合うということです。

美を理解するということは、常によいものを身近に置いて眺めることによって磨かれます。常に上のレベルの作品を手にするように心がけることが大切です。人間の感性は不思議なもので、よい作品を観ているとますますよくなり、悪いもの、贋作などを毎日見ていると不思議にどんどん悪くなるものです。人間の眼というか心（感性）は自然によいものを見抜く力をもっているのです。よくプロがいう「心に入る」とか「ストンと胸に落ちる」という言葉がそれにあたります。

よいものはますますよくなります。これは体験していただかないとわかりにくいことだと思います。もう既にお亡くなりになった友人のプロ、Ｋさんは「わからないものはすべて買う」ということを実践していました。そして「毎日眺め、自問自答していると、そのうち品物の本性がわかるようになる」と言っておられました。それだけにこの世界の古美術・骨董品は人生の師でもあるといえるのです。

そして魯山人がさらにいいます。「美は心を浄化してくれる」と。

最後となる五番目は、知識に対して対価を払える人であることです。古美術・骨董品のプロは知識を大変な犠牲を払って身につけてきています。これについては何度か述べましたので重複は避けますが、古美術・骨董品に関する専門知識は価値が高く、そう簡単に重要な鑑定に関わる知識は得られません。ですからそうした貴重な知識を聞くことができたら、できるだけの気持ちでもよいので御礼をしなさいということです。その御礼は相手が古美術・骨董商であるなら、なにか買えるものを買いなさいということです。それができないなら、おそらくその方は古美術・骨董品のプロの世界には向かないかもしれません。

以上述べてきたことは、本当に古美術・骨董品の愛好者として志す場合に重要なことばかりなのです。

第2部

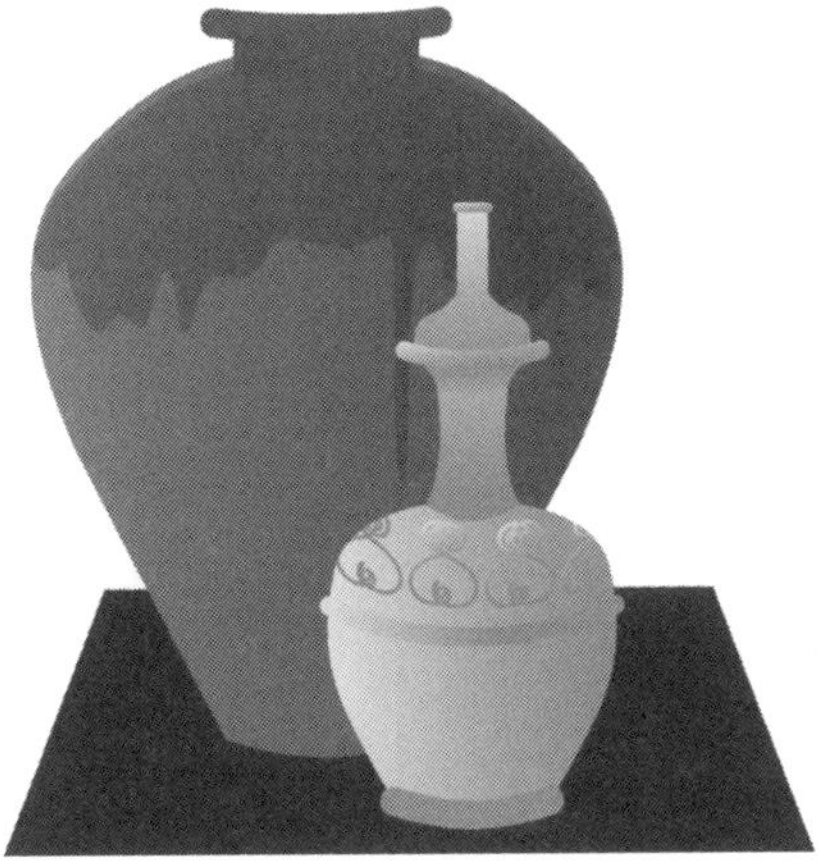

究極の陶磁器鑑定入門

1 さまざまな形、特徴を見る習慣をつける

古美術・骨董品における鑑定とは、簡単にいうと「古い」か「新しい」かの判断となります。そのため、長い時間の経過による物体の劣化現象の確認ということがもっとも大切になります。それは科学的であり、合理的で、大変面白い勉強です。また古代の形やつくり方を知ることも大切です。重要な鑑定の一部となりますがここで学びましょう。

古美術には例外がたくさんありますが、正統な鑑定方法を学ぶことが先決です。

図1は碗の高台の形の変遷を表したものです。壺の口の形も高台と連動した場合が多くなります。

①

②

③

④

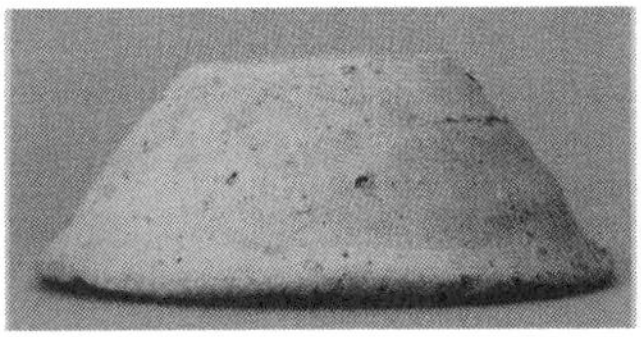

⑤

図１　碗の高台の変遷

①奈良時代の特徴

高台の台形が丸みをおびていて、優雅さを感じさせる。高台が高いものは比較的身分の高い人たちが使ったものに多くみられる

②平安時代の特徴

全体的には優美なふっくらした感じは変わらないが、高台にはシャープな台形が見て取れる。高台の直線と本体の曲線のバランスが、優美で軽やかな風情がある

③鎌倉時代の特徴

質実剛健な鎌倉武士の鎌倉時代には、平安時代の優美さは次第になくなる。高台も直線的

④室町時代の特徴

戦乱の中で作行きも粗雑な傾向になる。高台が省略されるものもあらわれ、時代性をよく表している。後期の茶道の茶碗などは海外のものが多く、これらはこの傾向とは違う

⑤江戸時代の特徴

桃山後期から江戸時代にわたっての国産陶器は下にすぼまった形が主流となる。しかし茶道の茶碗などには中国や朝鮮の影響を受けたものも多く、土物には例外がある

2 唐三彩の鑑定

中国陶磁器の歴史は古く、しかも贋作の歴史でもあり、きわめて難しい世界です。今回はその中でも、もっとも日本人に人気のある唐時代の焼きものである「唐三彩」の真贋について考えてみましょう。この鑑定で一番重要な判断は「貫入《かんにゅう》（細かいひび）」です。これを見るには10倍以上のルーペが必要です。このルーペで唐三彩の釉薬《ゆうやく》（薪の灰に含まれるケイ酸が、１２４０℃以上の窯の熱で溶けて、ガラス質に変質して生じたもの）に

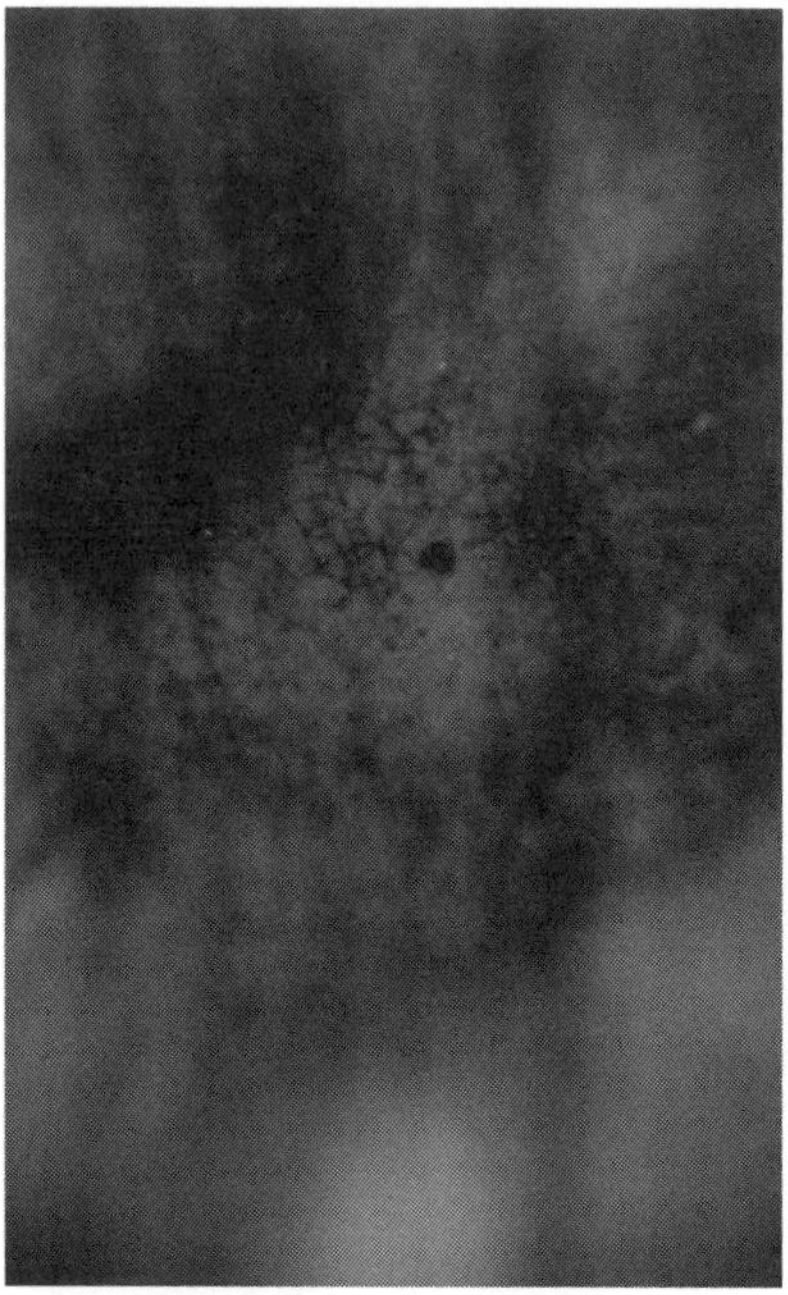

写真１　真作の細かく、汚れた貫入
（40 倍ルーペ）汚れた貫入も鑑定ポイント

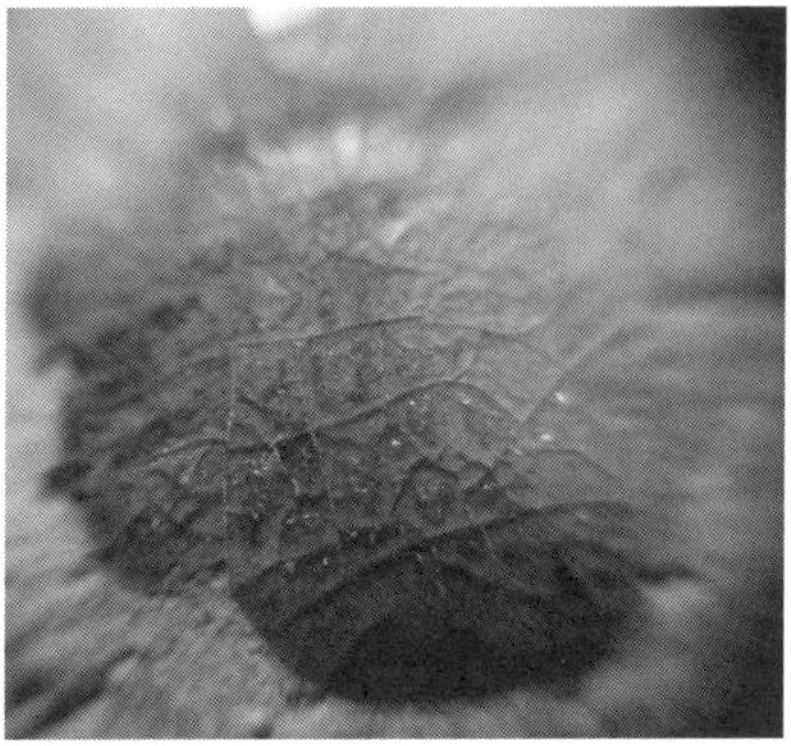

写真２　贋作の大きく粗い貫入
（40倍ルーペ）

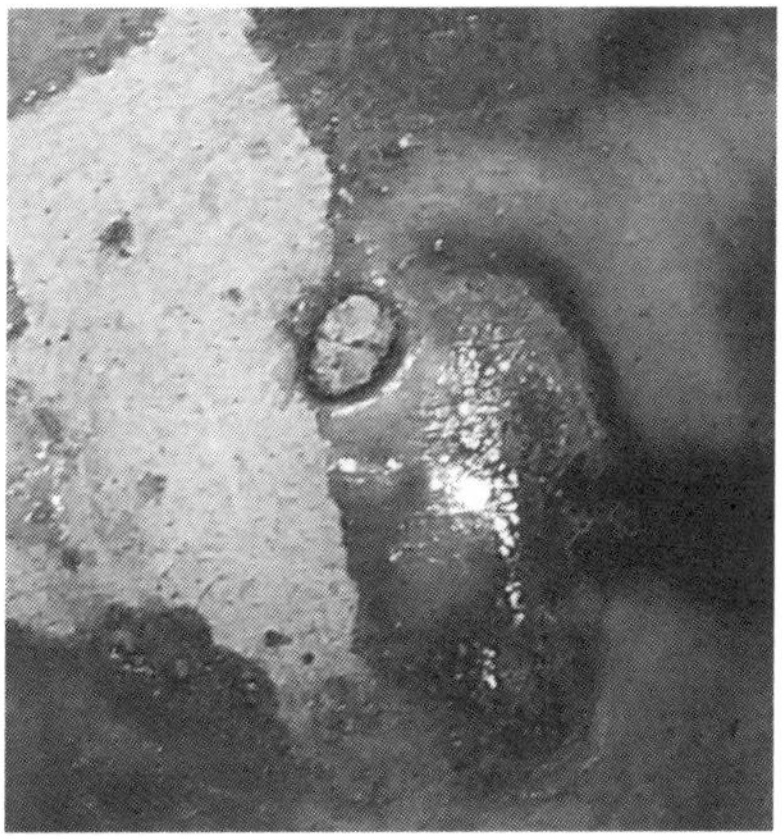

写真３　光っているのが銀化

全面に入るひびを観察します。10倍のルーペでも微小の細かい貫入が見えれば、それはまず本物である可能性が高いでしょう。写真1、2でその貫入の細かさを比較してください。現代につくられた贋作の貫入は大半が荒めの大きな貫入です。カセはありませんが、中には無理やり釉薬を剥がしたものもありますから、注意が必要です。

杯の底に見える銀化ガラスは年代によって、七色に光る「虹彩《こうさい》」、さらに進んで銀色に輝く「銀化《ぎんか》（写真3）」に進行します。薬品で銀化を出す贋作もありますが、すべて鈍い光です。キラリときれいに光るのが本物です。ルーペで鑑賞していて感動するほど美しいものです。

3 カセによる鑑定

日本の六古窯は、常滑《とこなめ》、信楽《しがらき》、丹波、越前、瀬戸、備前ですが、全面に釉薬がかかっているのは瀬戸だけです。瀬戸は灰の釉薬、灰釉《かいゆう》を使用しています。ほかの窯では基本的には燃焼中の赤松の灰が自然に降り注いで1240℃以上の温度で溶けて釉薬に変化します。これを「自然釉」といいます。いずれの灰釉も三百年から四百年以上土に埋まっていたり、風雪にさらされますと劣化します。この釉薬の劣化をカセといいます。カセには2種類あって、「釉はげ（写真4）」と「釉あれ（写真5）」です。焼きものの表面の釉薬が自然に剥げ落ちるのが「釉はげ」、ザラザラ状態になって微粒子状態に荒れて消滅していくのが「釉あれ」といいます。ともに「カセ」と総称されます。

初心者の方はこの現象を確認していただければ、まず古い焼きものであることを確認できます。これには40倍程度のライト付ルーペが必要です。ガラスは数百年経過すると必ず劣化してきて、表面に変化が起きてきます。これを観察します。

もう一つの重要な鑑定ポイントは「気泡つぶれ（図2、写真6、7）」と「銀化」の確認です。これも先の40倍のライト付ルーペが絶対に必要です。もし手に入りにくい場合は巻末の「日本骨董学院」にご連絡ください。古美術・骨董品の鑑定にはライト付40倍ルーペは唯一の先行投資です。さほど高額なものではありませんので、正しいものをそろえてください。

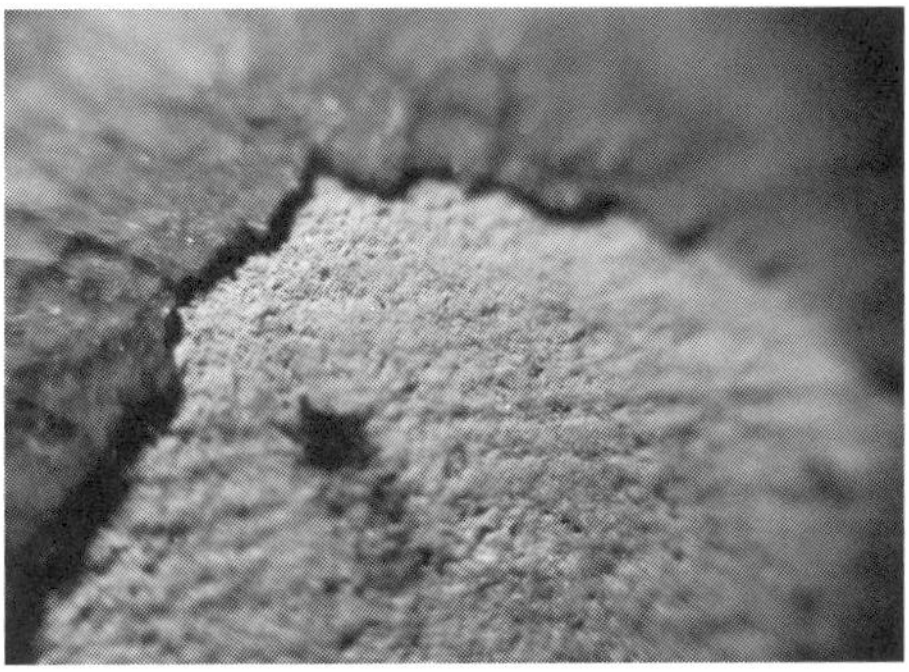

写真4　カセの釉はげ（古瀬戸）

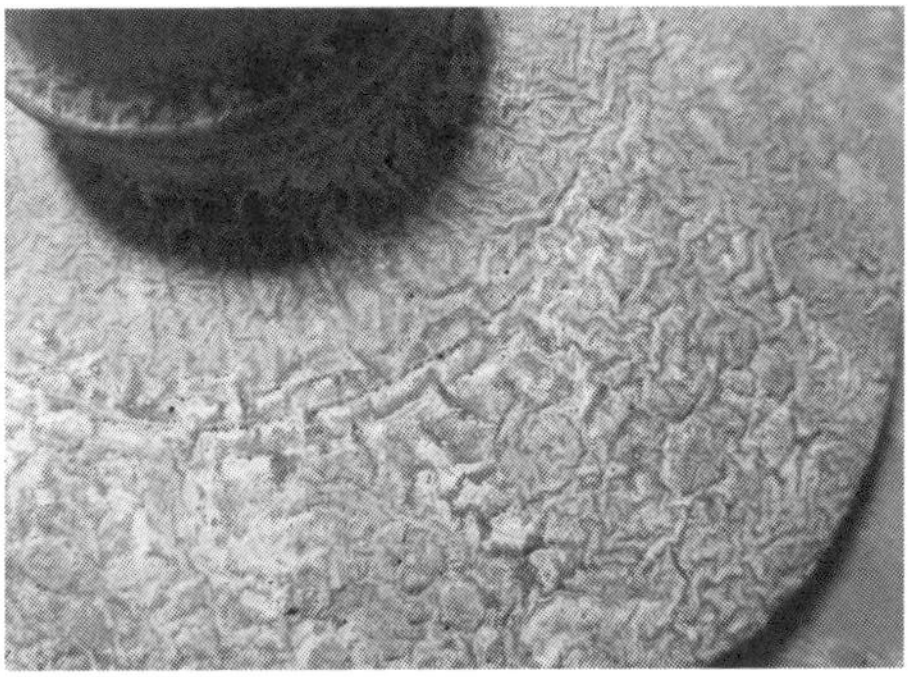

写真5　カセの釉あれ（古瀬戸）

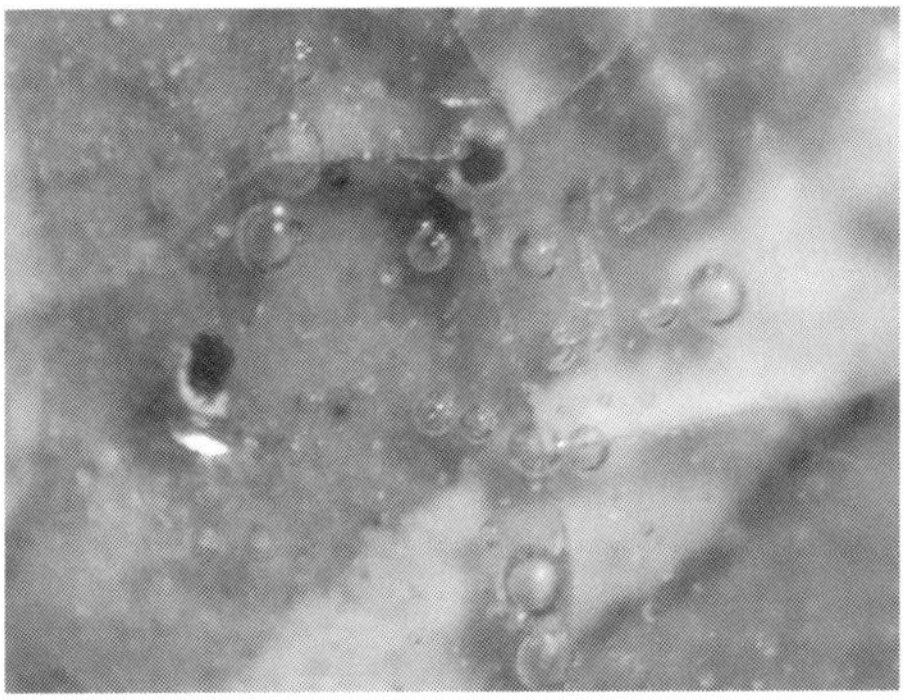

写真6　気泡つぶれの拡大

陶磁器の古びを見るには、器の全体の釉薬の調子を事前に確認していただく作業が必須となります。作品の釉薬の調子が全体に光沢のない状態、マット調であったら薬品を使って古びさせている贋作の可

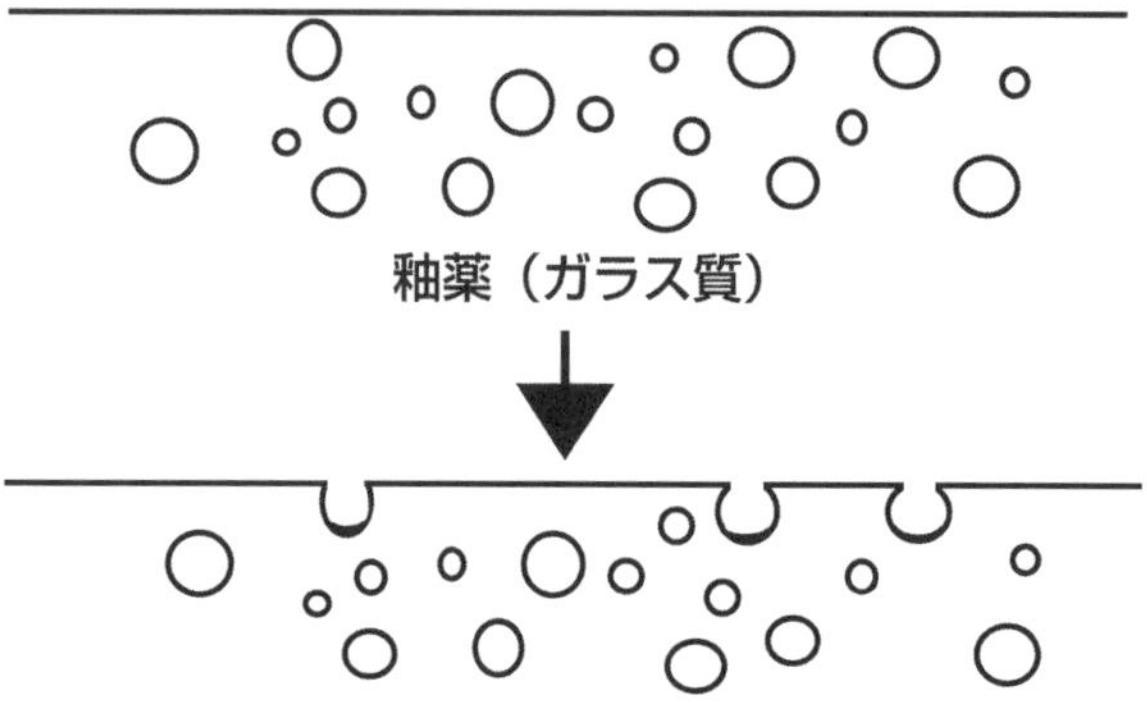

図2　気泡つぶれの原理

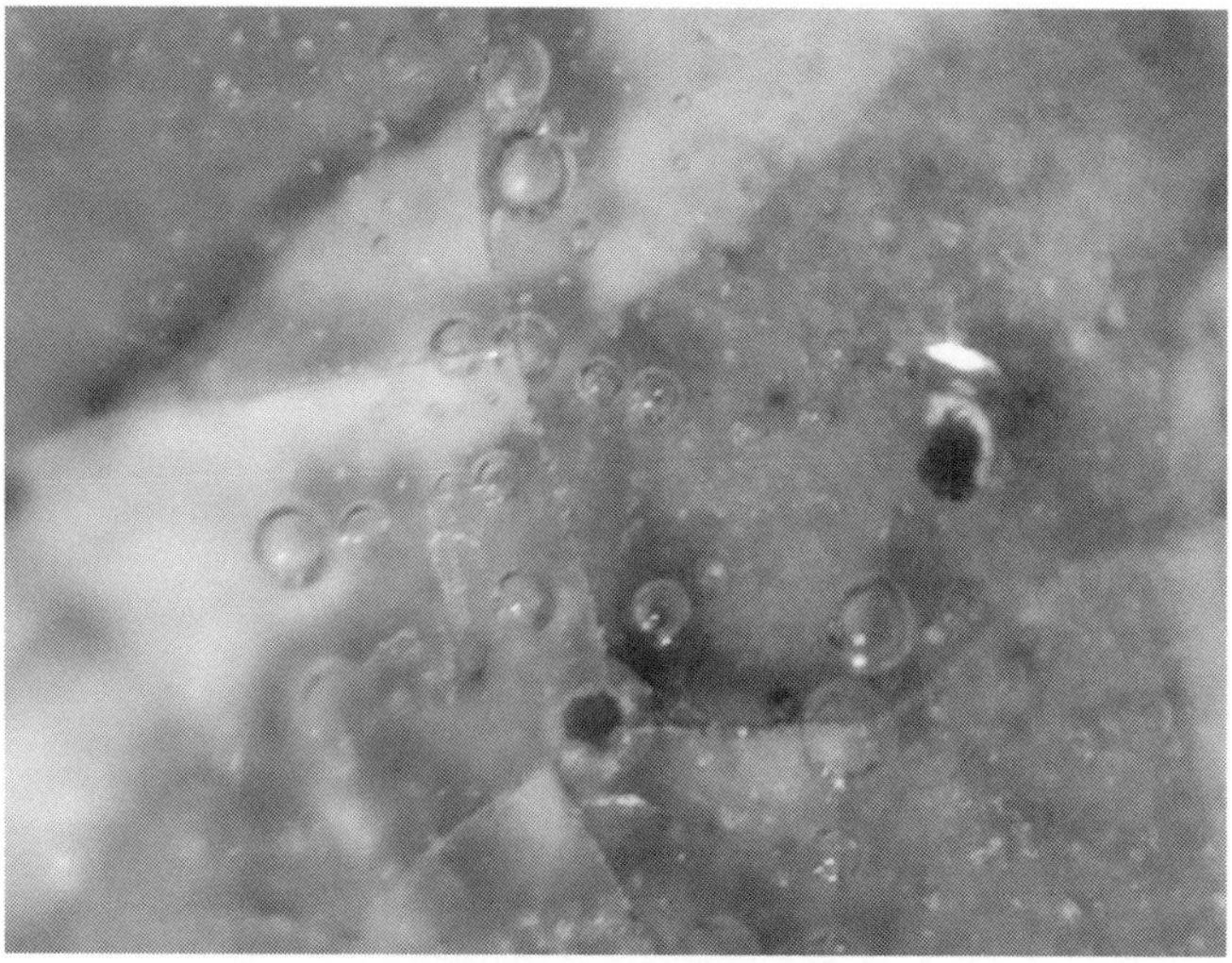

写真7　高麗青磁に見る気泡つぶれ（小さな黒い点）

写真８　平安時代と鎌倉時代の常滑大型壺の口の断面

能性が高いので避けましょう。でき立てのガラスの全面ピカピカもだめですが、表面にある程度の光沢が見られる場合のみこの「気泡つぶれ」をルーペで注意して探してください。焼きものには必ず気泡が生じますからルーペで見ると大半は極小の銀粒に見えます。この表面に接する小さな粒の上部分に長い期間の経過による摩耗や微かなガラスの溶融によって穴があいて、中に汚れが入って大半は黒か茶色、褐色の小さな粒が見えます。接写写真で確認してください。

これがややマット調の渋い光沢のある表面にいたるところに確認できたら、古いものである可能性はきわめて高いでのです。写真8の上が平安時代の常滑大型壺の口の断面（Cの字口縁）、写真8の下が同じ常滑大型壺の鎌倉時代の口のつくり方と断面（n口縁）です。

この形も時代鑑定の重要ポイントです。

写真９　李朝分院白磁の李朝白磁碗の高台の削りかた。本体外側より高台の中の削りが深い

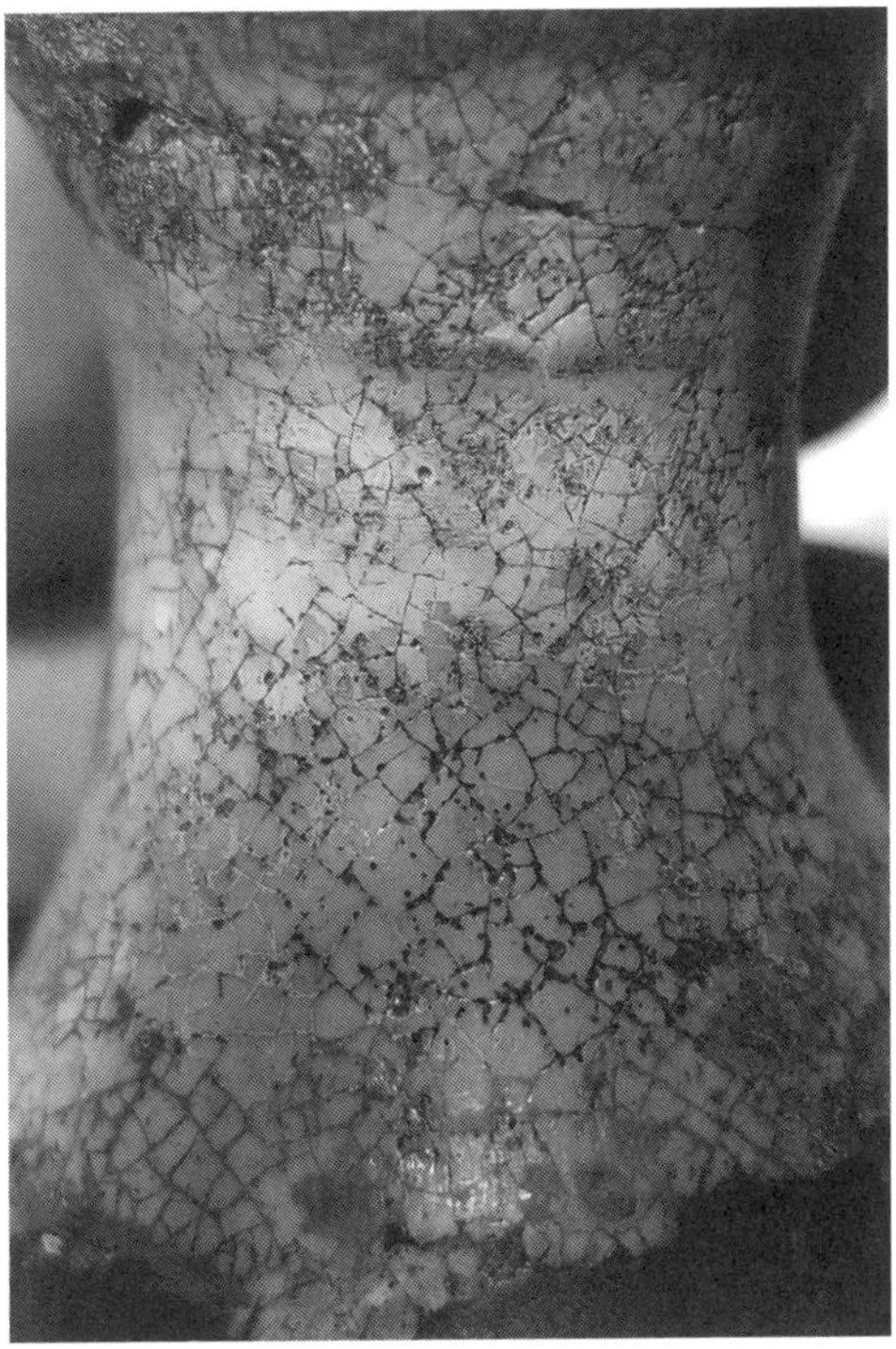

写真10　朝鮮系岸岳古窯の斑唐津陶片

写真 11　竹節高台

写真 12　鶏龍山初期白磁の徳利の高台

韓国・朝鮮の陶磁器種類には、鶏龍山系陶器（粉青《ふんせい》沙器《さき》・白土化粧掛けされ、そこに装飾された陶器類）、白磁（白い磁器でできた焼きもの、ないしはそれに呉須《ごす》（酸化コバルトで着色されたもの）、鉄釉全面掛けの焼きもの・黒高麗・飴釉の焼きものなどがあります。

　朝鮮半島では仏教が繁栄しましたが、のちに儒教《じゅきょう》に変わりました。儒教ではなにものにも染まらない純真、純白な白が重んぜられました。貴族階層に白磁が重要な作品として大切にされるのはそのためです。代表的な美しい白磁は「司饔院分院《しよういんぶんいん》」という王家の食を司る「司饔院」部署の焼き物製作担当分院という意味から、王宮で使用する白磁を多く焼いた場所を「分院」とよびました。それが広州にありました。

　李朝陶芸の代表的見所は高台です。①三日月高台、②竹節高台、③ちりめん高台、④兜巾、⑤高台の削り方などです。①は高台を上から見ると、削り方が偏り三日月に見えます。②は横から高台を見ると、竹の節のように見えます。③は高台の中の削り方がちりめんのように、

写真13　台の削り方
李朝後期の高級分院白磁の皿、碗、盃の底の深い削り方。地の部分より深くえぐっている。白磁もややブルー色を増して、しっとりとしている。

チリチリしたように見えます。④は高台の真ん中の削り痕が三角に尖っています。⑤は高台の中の削りが外側より深く削られています。これが分院作品の有力な特徴です。こうしたさまざまな特徴をまず捉えてください。すべてではありませんが、有効な鑑定ポイントとなります。

徳利などで見てすぐにわかる特徴は、肩の張り具合です。頸から胴にいたる肩のところがやや出っ張っているところが、新羅以来の朝鮮ものの特徴です。形の魅力でもあります。唐津もこれを受け継いでいます。

5　信楽の鑑定

信楽は諸説ありますが8世紀頃の須恵器と同じ古さをもつとも、また平安後期に常滑の陶工がきて作風が決まったとされていますが、決定的なところはまだわかっていません。鎌倉時代後期頃からとも考えられています。

最大のポイントは白い長石が全面に出ていることです。これは信楽のもっとも代表的な鑑定ポイントです。つぶつぶの大小の白い長石が器肌から全面に吹き出ているように出ています。壺ならかなりの確率で信楽ですし、花入れ、水差しなどの茶道具でしたら伊賀を思い浮かべるべきでしょう。

●ウニ

信楽の土は荒めの風化花崗岩で、この粘土の中に風化しきってない木の節が混ざってい

写真 14　信楽に見るウニ

るものがあります。これを木節粘土《きぶしねんど》といいます。この節が粘土の中に入りますと、燃焼したときに高温で燃えてしまいます。すると当然その節があったところは空洞になります。これを「ウニ」といい、韓国語で穴、洞窟を意味する言葉とされます。それが写真14です。中から外へと穴が抜けてしまっているものがあります。それは壺ですと穴があいていては、役に立たないので破棄されてきました。多くの信楽の焼きものにはこのウニを表面や裏側に見ることができます。マニアの間で「ビスケット肌」ともいわて愛玩されます。あたかも割れたビスケットのようなカサっとした土味になります。

●美しいビードロ釉

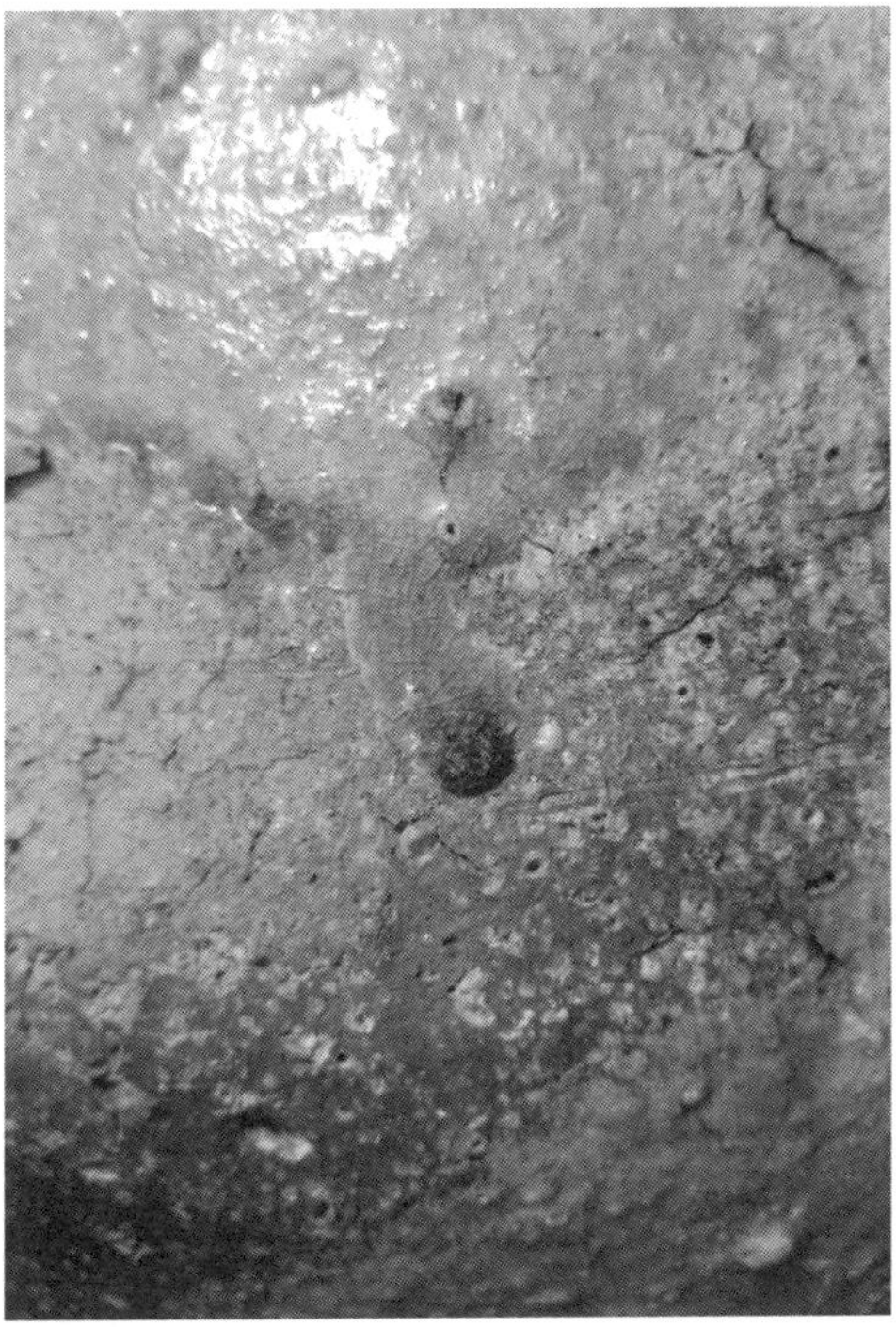

写真15　信楽に見る美しいビードロ釉

信楽の大きな魅力の一つに、美しく薄いグリーン色のビードロ釉があります。独特の白い木節粘土に薄い透明感の強い独特の釉薬が流れ、そのコントラストにはとても美しいものがあります。

6　古備前の鑑定

写真16　桃山時代の備前焼に見る火襷（真ん中の斜めの線）

壺の光沢は渋く、粘土ひも巻き上げでつくられた痕跡がはっきり出ています。桃山時代の備前の特徴としてはまず火襷が一番人気でしょう。桃山時代の火襷はボーッと赤が発色しているのが本物で、赤が強くはっきり出ているのは鉄分のスプレーで描いた現代の火襷が多いですから要注意です。

写真18の壺には自然の釉薬がかかっています。そしてさらに焦げ

写真18　変化の多い桃山時代の玉縁の壺

写真17　窯印の入った桃山時代の徳利と火襷文

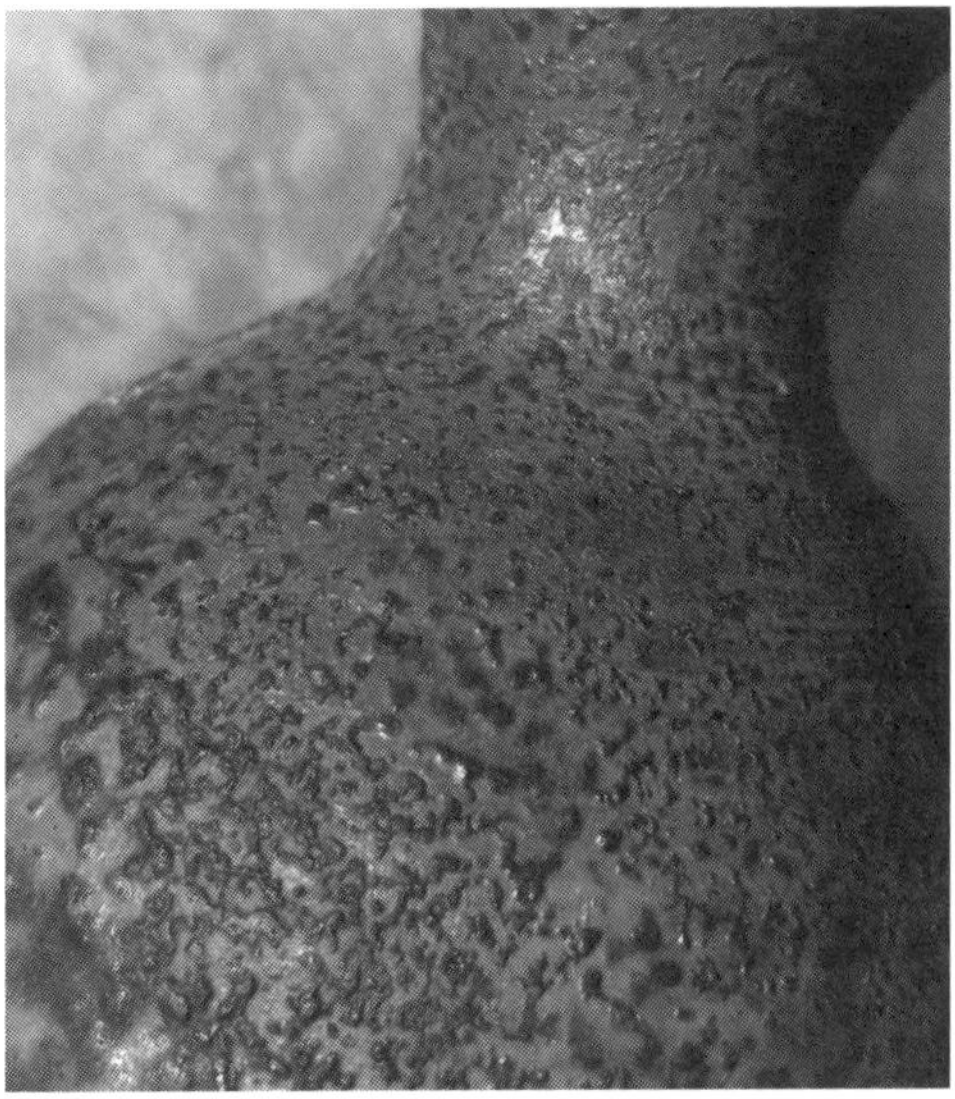

写真19　備前焼のゴマ

やゴマなどと称する窯変も見られます。一番の見所はよく精製された細かい土です。伊部の土とか田土とよばれています。田んぼの中から採取されるので、田土といわれます。古備前の作品は赤い微粒子の土で、渋く味わいがあります。それから桃山時代から江戸時代のお茶に使われた備前焼きの特徴は、畳に接地する高台や底が丁寧に仕上げられていることです。茶道の懐石料理に使われるため、漆などの高価なお盆などにキズをつけないための配慮とも考えられます。底をしっかり見ることが大切です。また壺作品に多いのは、口の縁が丸くなっている「玉縁《たまぶち》」が備前の特徴です。写真18の壺は桃山時代の作品で、この口は代表的な「玉縁」となっています。

●ゴマ

備前焼独特の窯変の一種。黒ゴマのように見えます。長時間、窯の中で、じっくり焼かれたときに陶土の中の鉄分などが変化、結晶化したり結晶化したり、さらにそこに薪の灰が降り注ぎ、１２４０℃以上で溶け変化（窯変という）してできるとされます。

写真19は江戸時代初期の備前焼徳利に見るゴマです。

7 古瀬戸の鑑定

写真 20　古瀬戸のカセ

カセ（写真20）を鑑定するのがポイントでカセ（釉はげ）古瀬戸を中心とした鎌倉時代から室町時代の六古窯を通じて表れる重要な鑑定ポイントです。贋作事件で有名な永仁の壺にはカセはありません。素直に見ていればば贋作とはっきりわかります。

8 唐津の鑑定

朝鮮の魅力を伝えつつ、そこに日本人の感覚、感性が芽生えはじめつつあります。くどくない図柄、中国陶磁器とは違ったさっぱりした作風。自然の流れを愛した日本人の「四季」の感覚、無常観にピッタリの雰囲気となり、使っていると茶渋が貫入という細かいひびからにじみ込み、雨漏りと称する変化が出て、それが深い味わいとなる「侘び・寂び」として評価された、などなどの魅力が考えられます。

そこで次に「唐津」の鑑定のポイントについて述べてみます。重要な高台の鑑定ポイントについて述べてみます。

ちりめん皺は唐津の土の独自性である土の粘り気からきています。高台を削るときに刃物の切れ味による刃と土の間に生じる土のはじけ具合、めくれ具合による皺なのです。それに兜巾《ときん》、これは高台の中央が飛び上がっていることをいいます。削ったときに中央が残ったものです。

これらのポイントをしっかり見ていただければ、唐津の焼きものである可能性はきわめて高くなります。唐津の焼きもので人気の高いのが、斑唐津で、岸岳というもっとも古いとされる唐津の窯で焼かれた作品です。斑釉は会寧《かいねい》系の藁灰《わらばい》の釉薬からできて、白く青白い透明感のある斑釉の美しさから古来、大変珍重されています。特に「ぐい呑み」に人

写真21　唐津の高台に見る三日月高台とちりめん皺と兜巾

写真22　唐津の竹節高台
横から高台を見ると、あたかも竹の節目を見るがごとく、真ん中がくの字に飛び出ている。これを「竹節高台」と呼ぶ。唐津や朝鮮陶磁器の鑑定のポイント

写真 23　三ヶ月高台
高台の幅が左右で違う。真ん中の飛び出しているのが兜巾

気があります。

　すべての特徴が出ている作品は逆に贋作である可能性が高いとされます。贋作師は素人にわかりやすいよう、これが特徴だといわんばかりにたくさんの特徴を作品に盛り込みます。特徴が逆に誇張され不自然に見えますから、贋作とわかりやすくなります。

写真24　李朝陶芸の影響を受けた初期伊万里の盃の高台

9 古伊万里の鑑定

古伊万里全体の基本鑑定のポイントは、①ゆがみから見る、②表面につく無数のキズから見る、③乱反射、④高台の大きさの四つです。

古来、初期伊万里の高台の直径は小さく、全体の直径の三分一といわれていましたが、それとて高台の直径の大きなものもありますし、必ずしもそうとは言い切れません。釉薬をかけたときの指跡を鑑定ポイントとする意見もありますが、まったくついてないものもたくさんあります。初期伊万里の鑑定と李朝17世紀の白磁の鑑定ポイントは、胴体下から高台に至る縦貫入です。これが認められれば、間違いなく本物です。

●色絵古九谷の鑑定

色絵古九谷の鑑定は釉薬の表面に見える「虹彩」と釉の中に見える貫入、ひびです。

●藍柿右衛門の鑑定

薪を入れるたびに焚口を開けますから外の冷たい空気が大量に窯中に入ります。窯内の温度は急低下します。そのため窯内の温度は常に200℃、300℃は変動したものと考えられます。すると焼きものそのものも冷えたり熱くなったりを繰り返しますから、収縮、膨張を繰り返すことになります。

炎の当たる角度で温度の変化に強弱もあるでしょうから、その結果、大きなゆがみ、ひずみが焼きものに

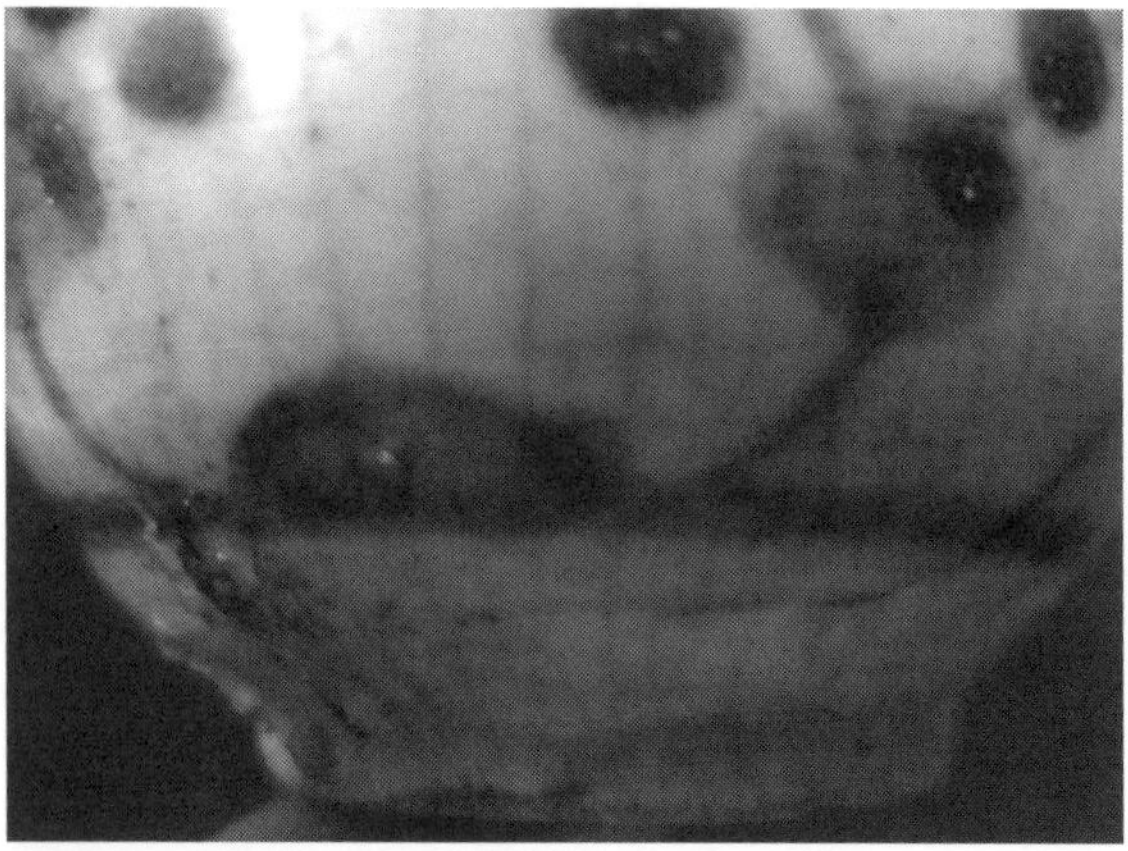

写真25　縦貫入（初期伊万里杯）

生じます。本物にはそれがでることになります。

●テカリ

最後は「テカリ」です。テカリとは表面の釉薬の反射です。現代につくられたでき立ての真新しい作品はピカピカしています。古い作品、特に数百年を経ている古伊万里の磁器など

写真26　温度管理の難しい薪で焼いたゆがみのある江戸時代前期の伊万里皿

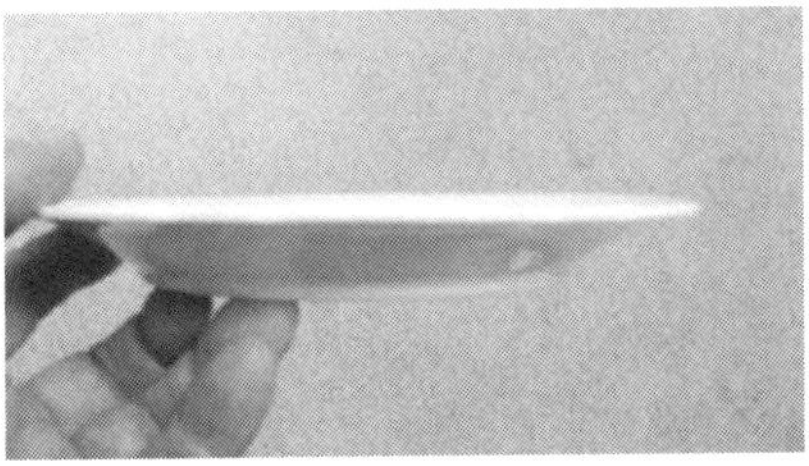

写真27　伊万里皿の贋作
贋作にはこの手のものが多い。パソコン管理の下で焼いた、ゆがみのない、現代の皿

写真28　伊万里の皿についた多数のキズ
長く使用されたことの証明としての使用痕。10倍程度以上のルーペでしっかり見える。ポイントは無数の小さなキズがそれぞれ違った方向に向いてついていること。水平にすべてのキズがついていたりするものは、サンドペーパーなどで後から故意につけられた贋作

には釉薬の劣化現象（時代を経ると釉薬が次第に光沢を失っていく現象）と小キズのためこのテカつきが少なくなります。それからお皿の見込みの反射が鏡のようにまっ平に見える場合は贋作で新しい作品の可能性が高くなります。

①ゆがみと無数の小キズ、②テカリが少なく、③見込みの反射にムラがあれば真作である

写真29　ゆがみのない、たいらな面の現代作

写真30　乱反射のある真作（古伊万里の皿）

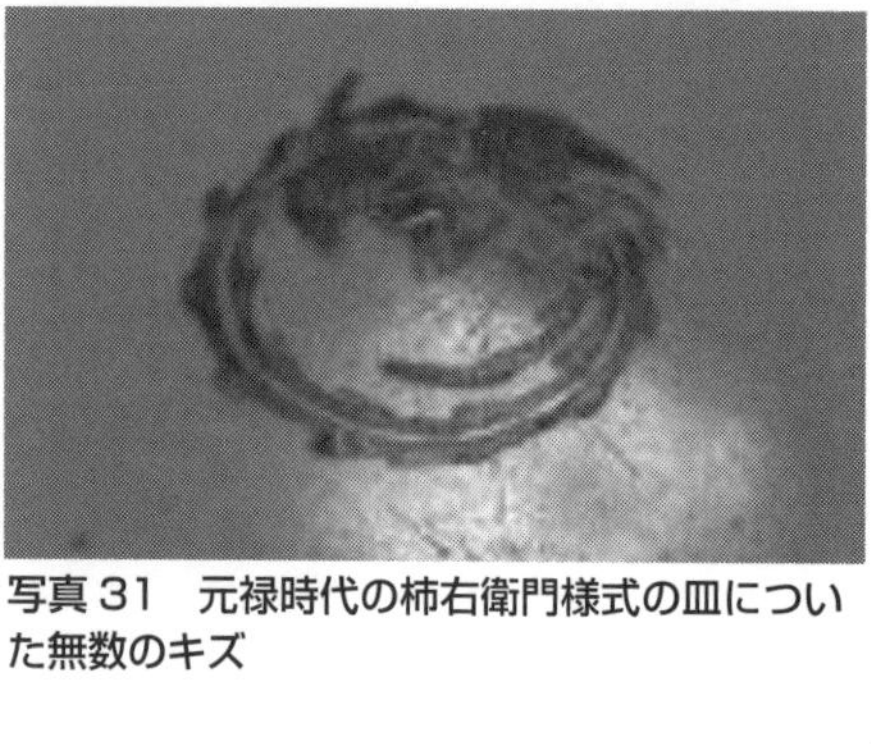
写真31　元禄時代の柿右衛門様式の皿についた無数のキズ

可能性がきわめて高くなります。

この3点のポイントをしっかりマスターされますと、贋作のかなりの部分を排除できます。

数々の特徴のなかでも、ゆがみから見る方法と長期間使用されたことによって表面につく、一つ一つが違う方向についた無数のキズからは簡単に真作かどうかも見分けられますし、きわめて合理的な鑑定方法です。

焼きものに見るゆがみ、キズから作品の真贋を見る方法をお伝えしました。

付録

日本文化の中の「侘び・寂び」

ここまで、古美術・骨董品売買にまつわる怖いお話と、リスクを回避するための古美術・骨董品の鑑定の方法を学びました。以下、少し話題を変えて、日本の文化に伝わる重要な「侘び・寂び」についてお話しします。

●日本と大陸のちがい

日本は島国ですから、大陸の環境とはまったく文化を異にしています。日本の文化はヨーロッパ、中国、アジアとも違っていて、本当に独自といってよい文化です。わかりやすくいえば、日本人は礼儀正しくまじめで、合理的な考え方より、不合理な美を愛し、「もののあはれ」という情緒的な趣き、思考を好みます。外国人は合理的で理論的、哲学的です。

商売もヨーロッパでは定価をまけることはほぼありません。華僑に代表される中国人商人たちは半値から折衝がはじまります。日本人とはまったく違う発想です。日本にはコロナウイルスの蔓延前まで中国人がたくさんきていて、日本の古美術商、骨董商は彼らの値引きには閉口していました。半値でどうかということは日本人同士ではありえない話です。どんなに値引きしても2割から頑張って3割引きが限度ですから、半分というのは日本人には肌に合わない折衝方法といえます。

私がヨーロッパ、特にイギリスで骨董市を回ったときに経験したことですが、あまり値引きをしない傾向に驚きました。その理由に最初から値段は高くしないという習慣があるようです。国民性から古美術・骨董品（彼らは百年以上前のものをアンティークといいます）を大切にする伝統があります。先祖の遺してくれた家具や銀器は財産であり、イギリスでは重要なアンティークは値段もきちんと決まっており、アンティーク・プライスブックが出版されているくらいで、価格はほぼ一定の枠内に決まっています。ですから個人のディーラーが勝手に値段はつけられないし、法外な値段がつくことはほぼありません。日本の古美術・骨董品、特に茶道関係の道具の値段はきわめてわかりにくいといわれてきました。それは美の味わいが、使われることによって増すからと考えられます。使われることによって値段が高くなるということは西洋のものにはありません。歴史的に価値があるとか、貴重ということもありますが、使い込まれて汚れて価値が上がることはありません。基本的にミント、すなわちできたときのままを保つこと、わかりやすくいえば未使用品は一番高価なのです。使えば使うほど価値は落ちますが、古さがその目減り分をある程度補います。

日本では使われることによって、使用度すなわち古びが増し、その味わいを愛でるという、外国人にはわかりにくい美学、「侘び・寂び文化」があります。「侘び・寂び」を一言でいうことはなかなか難しいものがありますが、あえていいますと「珍しくて高価な作品が、大切に長く使われるうちに独特な渋さと風合い、趣ある変化をみせてくる、一種の劣化現象を美的に評価する価値観」とでもいうべきものでしょうか。外国にはこのような使用感、使われた汚れ、ひびなどを愛でる文化はありません。銀製品もイギリスではピカピカに磨き上げます。日本は酸化した「いぶし銀」といわれる渋い味わいを愛でます。中国でも、韓国でも仏像はキンピカにメッキして、国宝に指定されます。日本では法隆寺の仏像にメッキを新たにかけることは絶対にありません。柱も新たに塗り直すことはありません。できた当時のままの古びた、煤けたままを愛します。「古び」は大陸、西洋では価値のないものです。できた当時の美しさをそのまま再現する方が大切なのです。

日本の絵画の特徴は西洋の遠近法とは違う、平面性にあります。遠近感がない描きかたです。遠くに描かれる人と、近くに描かれる人の大きさは変わらないという遠近感のない平面性、これは浮世絵に顕著で、人物に影はありません。影がないから立体感もありません。平面的に描かれるからシンプルです。そして色彩も抑え気味です。西洋人の一部がこれに気づき、大変な日本ブームになりました。それが後期印象派の画家たちでした。一番影響を受けたのがゴッホで、ルノアール、セザンヌ、ゴーギャン、ロートレック、ムンクまでもがジャポニズム、すなわち浮世絵の影響を大きく受けました。浮世絵はまさに平面芸術の粋ともいえる作品です。版画の彫り線の美しさも彼らヨーロッパ人には驚異でした。またガレやドームなどのガラス工芸家も日本美術の虜《とりこ》になり、影響を受けました。日本の『源氏物語』は11世紀頃の作品ですが、女性であれだけ素晴らしい情感豊かな表現で長編小説を書いた人はヨーロッパ、もっと広げて世界にも皆無です。誇るべき日本文化は島国ゆえの文化の安定度によるとも考えられます。

世界最古の木造建築「法隆寺」はギリシャの石の建築、パルテノン神殿と双璧をなす文化です。法隆寺は日本を代表するきわめて貴重な建築物です。石の文化のヨーロッパと木の文化の日本。木は日本の風土そのものであり、自然を重視する日本文化のもっとも素晴らしい建築素材です。

日本文化は自然志向であり、外国文化は人工的でデコラティーブ、装飾的な傾向をもっています。味の感覚も違います。日本人は自然の素材を加工せず、そのまま食することが多く、生食、独

写真32　法隆寺

自な発酵文化をもち、健康的に工夫されています。一方、西洋では料理は味付けに独自な文化をもちます。いわゆるソースが重要で、コックの評価はこれで決まります。素材の生の新鮮な味わい重視の日本に対し、西洋では腐る寸前の肉を焼き、そこに独自のソースをかけます。ほかの料理も味付けが基本です。そこに料理長の腕の格付けがなされるのです。正反対ともいえる違いがあるのです。

●「侘び・寂び」についての考察

日本は豊かな森と清流に恵まれた、素晴らしい自然環境の国です。北東に緩やかに延びた日本列島は、南から桜が咲きはじめ、それは徐々に北東に移動し、人々にそのはかない開花の美しさを楽しませてくれます。平安後期から鎌倉時代を生きた御所北面の武士で歌人の西行《さいぎょう》（１１１８～１１９０）は「願はくは花のもとにて春死なむ　その如月《きさらぎ》の望月のころ（願わくば美しい桜の花の満開の下でお釈迦様のように春に死にたいものだ）」と歌に詠みました。西行はその希望どおりに亡くなりました。彼が最期を願った桜の季節、それほど日本の春は素晴らしいということなのです。

今から1万3000年ほど前、日本に住んでいた縄文人は美しい自然豊かな深い森や山、川、海を生活の拠点として1万年以上にわたり生活をしてきました。彼らがつくり出した縄文土器は現在、世界最古であり、四大文明のどれよりもはるかに古いのです。気候は徐々に温暖になりつつある時代で、縄文時代後期には青森の三内丸山遺跡のあたりで、今の静岡と同じくらいの平均温度であったとされています。そうした気候の中で彼らは狩猟・採集中心の生活を営んできました。

自然への感謝、自然神の崇拝と畏怖。山や森は食料の宝庫でもあり、彼らにとって不思議な動物たちがたくさんいました。彼らの関心はヘビ、カエル、トンボ、チョウなどの生き物に向かったようです。それが意味するところは、死と再生、復活のシンボルとしてそれらを意識し、宗教的な対象に彼らが目覚めたといえることでしょう。それらは脱皮、変身をくり返し、大きく成長し、新たな生命力を獲得していく不思議な存在と考えられました。縄文土器にはそれらの動物文様が大胆に描かれているように思えます。かつて國學院大学の縄文学の権威である小林達雄先生とお話しした折りに、先生は「縄文土器はすべてが煮炊きに使用された」と言われました。もちろん煮炊きが目的であったことは疑う余地もありませんが、そこに人々の願いや信仰心の芽生えのような意識があったことも確かです。

民俗学者の吉野裕子氏はその著書『蛇』の中で、蛇は古代社会において世界的な広がりをもつ信仰の対象であったと述べています。それは日本の神社に見られる注連縄《しめなわ》にも典型的にあらわされているとしています。雄と雌の蛇が交尾をしている姿が注連縄であり、それを土器に擦り込んだのが縄文土器なのです。ですので縄文土器は蛇信仰の結果できあがった土器といえるのです。

まさに〝目からうろこ〟の指摘でした。と同時に蛇は男性のシンボルと同じ意味をもつといいます。象徴としての男女の性の結合（注連縄）と土俗的性器信仰。現在でも日本の田舎を旅すると男女の性器が祀られている風景によく出会います。それは繁栄、豊饒、子孫繁栄を願う人々の気持ちのあらわれであり、明るい性の表現といえます。縄文土器との関係は示されていませんが、出産の様子や爬虫類、昆虫を描くなど、豊饒と子孫繁栄、再生復活を祈る人々の素朴な願いの姿とオーバーラップしています。

妊娠した女性のお腹は大きくなり、山のようです。少し前まで結婚した女性を「山の神」といっていました。女性を豊饒、豊かさ、子孫繁栄、すなわち多産のシンボルとみることは、メソポタミアやアフガニスタンの古代の大地の神、地母神の考え方と同じです。

民俗学を研究されている千葉徳爾氏によれば、青年期の男子が自分の性器を山に向かって露出し、山の神に捧げるという、狩猟、漁労社会の風習が現代にも残っているといいます。その儀式そのものは、まさに生殖、豊饒、復活の儀式です。縄文時代には石棒《せきぼう》という男性器そのものの形をした不思議な石の遺物がたくさんありますが、それは今述べたことから目的がはっきりします。生殖、豊饒祈願、再生復活の儀式に使われたのです。

●古びの美、滅びの美

仏教が日本に伝わったのは6世紀とされています。そしてその後の、密教の宇宙観、空海の自然科学的発想では、天に近い聖なる山は僧たちの修行の場でした。そして、そこにある木そのものも「御神木」として神聖化されるという過程がみえてくるのです。

日本人が木にきわめて高い精神性と価値を見いだしたことの背景には以上のようなことがあったことにまず着目してほしいと思います。これはとても大切なことです。

「物体は変化する」すなわち「永遠なるものはない」というのが仏教的真理とされます。その教えが「永遠性」をもつ品物を排除してきたと考えられます。

永遠性をもつものとは、石（宝石を含む）、金属、ガラスです。ガラスは石に近いものとして考えられたものと推測されます。ガラスは奈良時代の正倉院宝物に「とんぼ玉」としてたくさん残されており、当時「とんぼ玉」は盛んに日本でも製作されていました。それがのちの桃山時代の織田信長や、周防国（山口）の大内義隆は、カトリックの宣教師たちからガラス瓶やそのほかのガラス作品を見せられて大いに驚いたと伝えられています。すなわち彼らはかつて見たことのないガラスにはじめて触れたのでした。そうしたことからガラス製作は奈良時代以降、衰退したと考えられます。衰退したというより、急速につくられなくなったと考えられます。それは「永遠性」というものをガラスがもっていたためだと推測できます、仏教の教えに合わないもの、否定されるべきものとされたのでしょう。

日本の寺院はすべて木でできており、石でつくられた大寺院は皆無です。西洋では神殿はすべて石づくりであるのと正反対です。西洋や大陸では神像や彫刻なども大半が砂岩、大理石や花崗岩、御影石などでつくられています。しかし、日本では野ざらし目的の石仏以外、大半の仏像は木でつくられています。石仏の本尊は皆無といえます。仏教伝来直後は朝鮮からきた止《と》利仏師《りぶっし》、すなわち鞍作止利《くらつくりのとり》を中心に大陸的な金銅仏をつくりました。その後、東大寺大仏、鎌倉大仏などの金属仏は多少残りますが、世の趨勢は大きく「木彫仏」に変化していくのです。

法隆寺は世界最古の木造建築物で、現在の東大寺大仏殿は奈良時代当初の建築より20パーセント小さい三度目の江戸時代の再建によります。それでも世界最大の木造建築物なのです。このように日本の木造建築物は規模だけとっても世界最高水準を誇れるものなのです。それは縄文時代から続く木というもののもつ「神秘性」「神性」「神聖」を日本人は大切にしてきたからにほかなりません。その神聖なる木で、大切な寺院をつくったということが重要なのです。

さらにその「木」は長い年月の風化とともに、滅びの美をもっています。法隆寺や興福寺、平安時代のもっとも古い建築物「宇治平等院」の材木にもそうした古びの美、滅びの美が伺えます。長い年月、風雪に晒《さら》されて朽ちていくときの木の美しさというものに「侘び・寂び」の一源流をみることができます。

日本人は古来から石の家には住みませんでした。江戸の町は大火で何度も焼けましたが我々の先祖は石で家をつくりませんでした。木と土と紙でつくり続けました。すなわちもっとも変化しやすい材料を使ってきたことになります。西洋のように、頑丈で長もちする石と鉄とガラスを材料として家をつくるのとはまったく正反対といえます。

西洋では高温の砂漠や寒冷地帯などの自然の猛威に対し、石や鉄の建築で対抗し、事実それらはきわめて有効でした。日本人が神と考えた自然に対抗したのが西洋建築で、それが「科学」とか「合理性」という考えを生んできました。その合理性に基づくのが西洋文明であり哲学、数学でした。

それに対して日本では木と土と紙などが主な建築材料でした。西洋が考える反自然＝それが「科学」「合理性」であることに対して、日本人のそれは反自然ではなく、自然との共存であり、同化でもありました。日本人は理論に弱く、「感覚的」とか「情緒性」とか「非合理」といわれてきましたが、そこにはまた独自の生き方が形成されてきたのです。

●黄金の茶室と北野の大茶会

ここで話は戦国時代の「侘び・寂び」へと移ります。

「黄金の茶室」は天正13年（1585）につくられたとされており、大阪夏の陣で大阪城とともに消失したとされています。作者は断定できませんが、現実的には当時これだけの黄金を使った茶室を創作できるのは秀吉の命を受けた利休しか考えられません。

信長が天正10年に本能寺で斃れたあと、天下を平定したのは秀吉です。その秀吉と利休は信長の死後3年間は関係がよかったのです。世にいう「秀吉・利休の蜜月期間」です。その「蜜月期間」に秀吉は利休に命じて「黄金の茶室」をつくらせました。この茶室は組み立て式であったため、秀吉は御所に持ち込んで天皇に披露したり、有力者を呼んでは茶会を催し、みなを驚かせて自慢していたといいます。それが権力者秀吉の目的であったのでしょう。では利休がなぜ黄金の茶室をつくったかというと、私は「夜噺《よばなし》」（夜の茶会）に使ってみたかったことが利休の最大の目的であったと思うのです。普通はろうそく一本の茶会が「夜噺」です。真っ暗な茶室にろうそくが一本静かに灯ります。通常はそこで黒い茶碗（瀬戸黒とか黒楽茶碗）を使用します。暗闇の中のほのかな明かりに照らされた黒い茶碗とその世界。これぞ利休が本来求めていた究極の「侘び・寂び」であったといえる世界です。

しかし、黄金の茶室となると、これは考え方も違ってきます。利休ももちろんはじめての経験であったでしょう。余人には想像もつきませんが、真っ暗な部屋の中で、一本のろうそくに照らしだされたほのかな黄金色はさぞや美しかっただろうと推測できます。さらに黄金の美しさを高めるのが茶室の障子に貼られたエンジ色の紗です。普通、黄金の茶室といえば贅沢、豪奢という言葉が当たり前のようにいわれますが、夜の茶会、すなわち「夜噺」の茶会に使用されるとなると話は別です。それは究極の耽美《たんび》の世界です。豪奢の世界ではありますが、反面暗闇の中に光る黄金とエンジ色の紗の取り合わせはおそろしいほどの美の世界でもあったことでしょう。この黄金の豪奢の裏に潜む暗闇の中のほのかな黄金色も私は「侘び・

寂び」といってもいいのではないかと思うのです。豪華な金を闇の中でかすかに光らせます。金は永遠に光沢を失わない金属とされてきました。劣化のない金属、権力のシンボルとされるその金にできるだけ光を当てないようにして「渋く」演出することも「侘び・寂び」の深い表現にほかならないと思うからです。

かつて信長は利休に茶道具の値段を上げるように指示したといいます。それはどういうことなのでしょうか？

天下平定直前の信長は、恩賞としての土地が平定後はなくなることをすでに考えていました。封建制のもとでは、土地が最大の恩賞、報酬でした。それが子々孫々伝えられ、子孫繁栄につながります。それゆえに武士は命をかけて戦場に赴くのです。それがなくなると、給料を払えなくなった経営者のように、封建君主は大名に見限られます。それゆえ自分の地位と立場を重んじる、プライド高き信長としては、全国統一の覇業を成し遂げるということそのことが土地のなくなることにつながり、部下の離反という危機感につながったと考えられます。そこで恩賞の対象としての「茶道具」を信長は考案したのです。当時、茶道をたしなむには、信長の許可が必要であると決めたのはそのためだったと考えられます。むやみに茶道をはじめられないようにしたのです。茶道はサロンというより、たとえていえば信長株式会社の取締役会のようなもので、もちろん業績を上げないと役員にはなれません。それはすなわち取締役会である「茶会」にも参加できないことを意味していました。

例えば茶会に参加したい秀吉は必死に仕事（戦い）をして「業績」を上げなければなりません。秀吉は必死に働いて取締役会、すなわち茶会に参加を許可されたとき、飛び上がってよろこんだと言い伝えられています。

信長の巧妙さ、すごさはこうした茶会という道楽性の強い集まりすら経営の手段として利用したことにあります。利休はその茶会で使われる「茶道具」を信長の意向に従い自分の美的評価で判断して価値を高めました。本能寺で斃れる前、信長は名品を多数コレクションしていました。そして美的センスのいい利休によって価値を吊り上げさせ、功績をあげた部下に「褒美」として茶道具を与えたのです。中には茶入れ一つが一国一城に値したものがあったといいます。それが「名物」なのです。

信長の跡を引き継いだ秀吉もその延長線上に物事を考えました。天下平定を秀吉は成し遂げます。

ところが天正15年（1587）、利休は北野の大茶会をきっかけに秀吉から疎まれるようになります。それは利休が茶の湯を広く大衆化していこうとしていることに秀吉が感づいたからです。北野の大茶会は農民でも商人でも、誰でもが参加できる茶会にして、茶道の普及をしたい、利休はそう考えたのです。茶道の大衆化、それは茶道の特権階級化をめざし、茶道具を高価にすることによる経済的、政治的効果を狙う秀吉とは対立する方向なのです。秀吉が10日間開催予定のこの大茶会を1日で切り上げてしまった背景には、そうした相互の思惑の違いがあったからなのです。

利休は信長に対しては茶道具の価値を上げておきながら、秀吉の意向を知りつつ反対にでます。これは秀吉に対する反逆です。権力者秀吉も黙ってはいられなかったのでしょう。このあたりが北野の大茶会の中止の理由であると私は考えます。

その後、このことがたたって秀吉と利休の関係にひびが入り、北野の大茶会の中止から数えて4年後に、利休の切腹という最悪の事態に至ってしまいます。私がなぜここに着目したのかというと、のちに秀吉が利休を切腹に追い込む大きな公の理由の一つとして、「茶道具の高価販売」をあげているからです。茶道具の高価販売に秀吉はかなりこだわっていました。これはかなり根が深い問題です。茶道具の価値を上げることも信長にならって秀吉がしたかったことなのです。それを利休が普及のためとして、安く大量に販売しようとすることに秀吉は利休の反抗の精神を感じたのでしょう。

●「侘び・寂び」と茶道

茶道に携わった多くの人たち、すなわち茶人たちの共通した生き方について考えてみましょう。茶道は日本芸術の集大成といわれ、そこにあらゆる芸術世界が集約されていると考えられます。集大成ということは、茶道が日本の芸術すべてを組み込んだ総合芸術となったということにほかなりません。

ところで「芸術」とはなんなのでしょうか。それは「職人技」とは正反対の世界です。「職人技」とは職人が依頼主の要望に忠実に、しかも最高レベルの技でそれを実現することです。それに比べ、芸術は先人たちの築き上げてきた普遍的世界観の上に立ち、さらにそこに自己の目指す世界を自らの技で構築し、それを自己の革新的考察の中でよりすぐれたものに進化させていくことにその最大の特徴があるといえます。すなわち常にそれまでの先人のなしとげた世界とは違う独自性を模索し、新しい方向性と進化したよりすぐれた革新的アイデアをもって挑戦する「個性」のことをいうのだと思います。

茶室は建築であり、路地や庭は造園、そこには禅寺にみる枯山水の庭あり、石組みの妙が演出されています。また茶室の床の間には可憐な花が活けられ、自然との一体感をみせます。

床の間には茶掛けがかかり、四季折々の絵画世界が客の眼を楽しませます。もちろんメインは茶碗であり、その茶碗は焼きものです。微妙な変化によって、味わい、見どころ、景色になり評価も大きく変わります。その茶碗のもっている味わいによって、会席料理までのすべての道具立てが決まるのです。

茶会はそうした意味で、総合コーディネートされた世界であり、主人は客を送り出すまでのすべてを演出しなければなりません。そこには新しい試み、新しい方向性があることが望ましいのです。どのようにしたら客は喜ぶか、最初から最後まで誠意を込めて接待する。自分の大切な客には是非自分のできる限りのおもてなしをして差し上げたいと心から願う、その心が茶の精神なのです。

それが「一期一会《いちごいちえ》の茶会」といわれるゆえんです。合戦に明け暮れる武将にとって「明日」は果たしてくるかわかりません。そうした張り詰めた日常において、真心のこもった一期一会の茶会、すなわち今流にいえば、人間の生には限りがあるゆえに、人は今会ったこの一時を最期と想い、その瞬間にベストを尽くして生き切ればそれが永遠ということにつながるということの考えは、武士の心に去来するさまざまな迷いを払拭してくれる格好の覚悟を得る場となったことは間違いありません。「死」と向き合ったときはじめて「生」の短さを思うといいます。

平安の貴公子、在原業平《ありわらのなりひら》は死の床でこう時世の歌を詠んだといいます。

「ついにゆく　道とはかねてききしかど　きのうきょうとはおもはざりしを」

訳してみると、「人間の最期である『死』という道についてはかねてから聞いてはいたけれど、こんなに早く自分の死が訪れるとは思わなかったことだ」となります。しかし業平が自分の人生がかくも短かったと嘆くことは、それだけ業平の人生は充実した、楽しい人生であったからともいえるのです。苦しいと思う人生は長く感じる、真剣に生きる、楽しく生きる、その時間はすぐ終わる、これが人生です。その瞬間をベストを尽くして生き切れば、それが永遠ということにつながるということは、そういうことです。

武野紹鴎《たけのじょうおう》は有名な「侘びの文」の中に、

「侘びということ葉は、故人も色々に歌にも詠じけれ共、ちかくは、正直に慎み深くおごらぬさまを侘びと云う」

と書き残しています。

これはもう「茶の精神」というより道徳律といえるものです。正直で、慎み深く、おごらぬさまは一つの生き方のありようです。おごらぬという姿勢も「侘び・寂び」の一環といえます。

●「侘び・寂び」のまとめ

最後に「侘び・寂び」のまとめをしてみましょう。

①日本人は縄文時代以降、深い森、山、自然の中に暮らしてきた。四季のうつろいや季節の微妙な変化に敏感である。自然すなわち緑色との一体感が精神的安定感ともなる。

②仏教が伝来し、そこに「空」という哲学的概念が持ち込まれた。般若心経である。すなわち、すべての物体は「空」、変化するということから、無常観が芽生え、①で述べた自然観とともに移ろいやすさ、変化という真理に目覚めた。石より木への傾斜。

③奈良時代にお茶は僧侶の健康飲料として中国から伝わった。

④そのお茶が宮廷サロンの知的遊びに進化し、茶の産地を言い当てる「闘茶」としてもてはやされ、サロンとともに茶への興味が大きくなっていった。
⑤茶そのものからさらに茶を喫する入れもの、茶碗へと興味が移っていった。
⑥美しいもの、美しい世界への飽くなき探求から、美の概念の変化、味わいある古びの美への傾斜がみられるようになった。
⑦ありきたりの日常とは反対の概念、対立する概念、すなわち白黒、陰陽、明暗、日月、虚実などの概念から、未使用と使用されたもの、無傷のものと傷だらけのもの、生きることと滅するものへの哀惜という反対の世界に人々の成熟した眼が向くようになった。反対の「美」、使用されてきたものへの愛着などへの興味が急速に台頭した。それは「変化」という仏教的真理の過程の美の発見であった。
⑧「美の世界」と「政治の世界」の合一が信長時代の茶道であり、その相対の宿命は秀吉時代の茶道の歴史であった。「侘び・寂び」は反権力の縮図ともなった。黒への志向。
⑨家康の「士農工商」という身分制社会確立とともに、商人茶道は衰退し、武家茶道として発展した。それにともなって、商人茶道とともに繁栄した美濃茶陶が衰退した。大名である小堀遠州により「侘び・寂び」は「きれいさび」として武家茶道に受け継がれた。

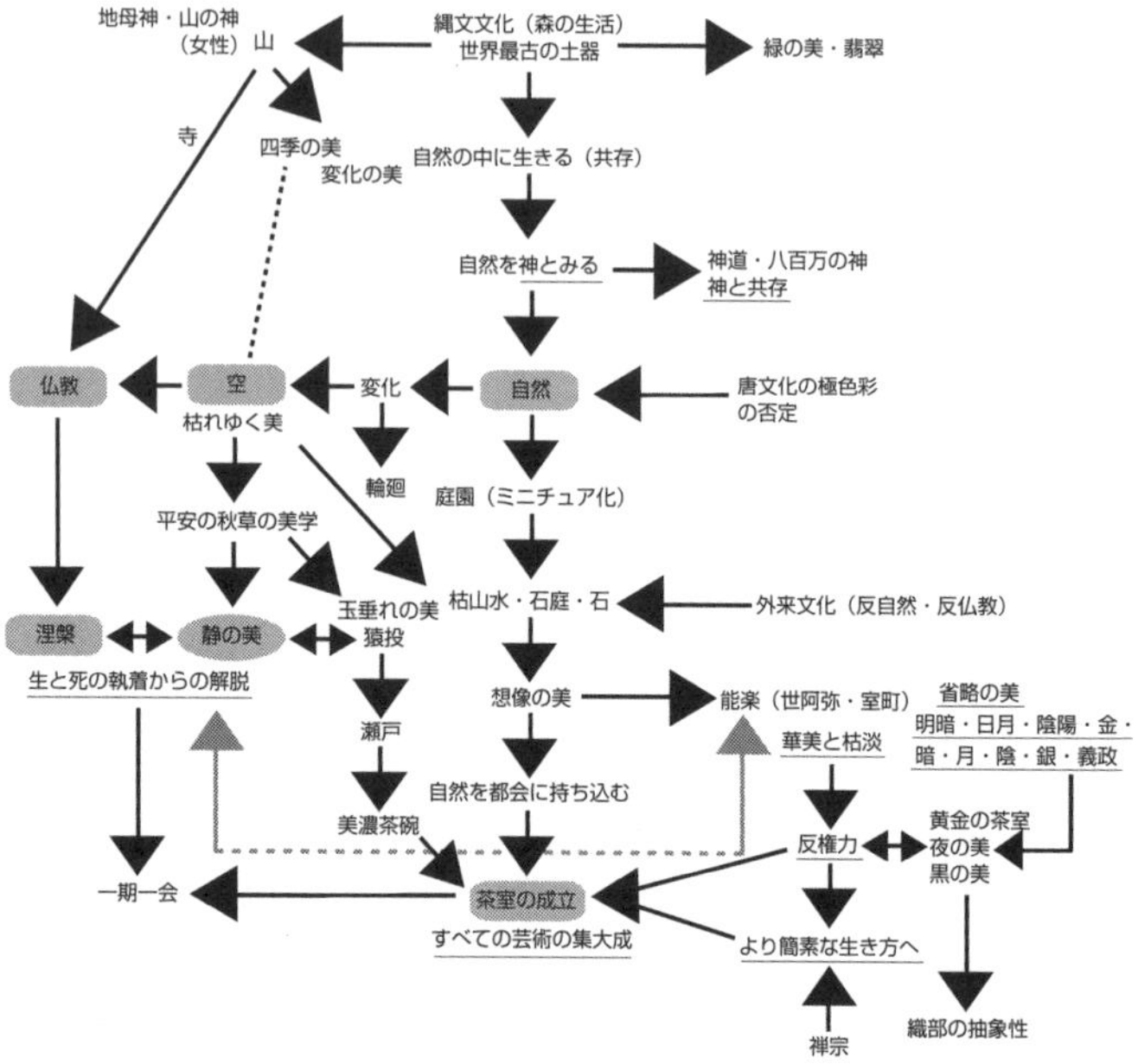

図３　日本美の発見（© 日本骨董学院　本表の無断使用・転載禁止）

こうして茶道も変化しつつ時代の荒波を越えてきました。この日本独自の「侘び・寂び」はいまだに愛好者が多く、一部の外国人たちからも誇るべき文化だといわれるようになってきています。

以上が日本の美の世界であり、究極の茶道の求める世界「侘び・寂び」の世界です。ぜひこれから日本美術に触れるときに思い出してみてください。

きっと日本美術の崇高な美しさ、素晴らしさ、またどの国の文化、美術より際立って優れた日本の美術を誇りに思っていただけると思います。

あとがき

最近のお金優先の風潮をみていると、古きよき日本はどこにいってしまったのかと感じます。古美術・骨董品は日本の寶です。世界に冠たる、一番優れたものです。祖先が大切に遺してくれた日本の文化を理解し、美術品を大切に愛してほしいと思います。ご自宅や親族の家に伝わる美術品を大切に次の世代に引き継ぎ、売るにしても幸せになれる金額で売ってほしいと思います。またそれら美術品を通して心豊かになっていただきたいと思います。美術品は人の心を浄化すると私は思います。お金の力がすべてではなく、美しいものを通して本当の日本人の心を取り戻してほしいと思います。美術品に罪はありません。

古美術・骨董品のもつ「侘び・寂び」は西洋とは正反対の美学であり、きわめて日本人的な世界観をもっています。日本人が学ぶべき「必須科目」です。

また鑑定ポイントをマスターしていただければ、陶磁器に関してはかなりの鑑定能力を得たことになります。それによって真の日本美術に目覚めていただき、鑑定という作業を通して、日本人の核心に迫る美術品を楽しんでいただきたいというのが著者の偽らざる願い、気持ちです。

なにかを学ぶチャンスというのは、そのほんの限られた一瞬をどうつかむかということでしかないのです。「いつでも勉強できる。またあとで勉強しよう」と思うのはだめなのです。「いつでも」とか「また」というのはないのです。「鉄は熱いうちに打て」ということわざどおりに、思いついたら勉強することが大事です。なんでもそうですが、人の一生はそのままずっと続くわけではありません。いつか……、という思いには、永遠にできなくなるという可能性を大きくはらんでいるのです。私には古美術・骨董品を勉強していくうちに学んだ人生訓がいくつかあります。自分にとって一番大切なことは、

①勉強しようと思った分野はすぐ勉強する。
②楽しいことからすぐ実行する。
③感動するようなものに出会ったら、買える範囲のものであれば必ず買う。買わないとわからない。
④高額なものを買いたいときは一晩考えてから買う。

これらの理由はすべて、あとで悔いないためです。あとで楽しもうというのもだめです。意外に時間がなくなったり、お金を使ってしまったり、面倒くさくなったりと、安易な方向に人間は流れます。年をとると億劫になるようです。さまざまな理由で実行不能となる可能性が大きいのです。

ものは落ち着いて慌てずに買いましょう。そして自分の鑑定能力を高めるしかありません。どんなことでも同じですが、頼れるのは自分のみで、自己責任です。孤独に耐えて勉強しましょう。勉強方法は、無理・無駄を排除し、好きなジャンルから勉強します。好みが変わったら、素直にそちらを勉強しましょう。「……せねばならない」という強迫観念を排除し、自由に楽しく学ぶことです。

そして美術館・博物館で、できるかぎりたくさんの作品を鑑賞してください。

また、箱書・鑑定書をたよりに買うべからずです。それらにも贋作は多いのです。

以上、ここまで読んでいただき、ありがとうございました。

細矢隆男

細矢 隆男（ほそや たかお）
東京生まれ。高校在学中、刀剣鑑定の勉強を始める。早稲田大学へ進学後、刀剣のほか絵画・仏教美術・陶磁器・西洋アンティークなど多方面の古美術の研究を始め、世界的な文化・美術の交流に強い関心をもつ。出版社に入社後も研究を継続。以後２社の社長を歴任。平成２年、古美術の露天商、続いて東京・青山にて古美術店を経営、さらに「日本骨董学院」を設立。この経験がプロ希望者への適切なアドバイスにつながっている。以後学院経営に専念。現在は奈良在住。
ご質問はメールにてお願いします。
n-kottou@js9.so-net.ne.jp

骨董・古美術のプロが教える
コワ〜イ、骨董品売買の裏話

2020年６月24日 第１刷発行
2022年６月22日 第２刷発行

著　　者　細矢 隆男
発 行 者　千葉 弘志
発 行 所　株式会社ベストブック
〒106-0041 東京都港区麻布台3-4-11
麻布エスビル３階
03（3583）9762（代表）
〒106-0041 東京都港区麻布台3-1-5
日ノ樹ビル５階
03（3585）4459（販売部）
http://www.bestbookweb.com
印刷・製本　中央精版印刷株式会社
装　　丁　株式会社クリエイティブ・コンセプト

ISBN978-4-8314-0237-0 C0070